60歳からはやりたい放題［実践編］

和田秀樹
Hideki Wada

はじめに

〝人生100年時代〟と言われて久しい現代、60代は人生の「道半ば」のようなもの。

それにもかかわらず、60歳を過ぎると、人生に鬱々《うつうつ》とした気持ちを抱く人が少なくありません。


「最近、体の衰えを感じる。今後、ますます不自由になるなんて不安だ」

「仕事や肩書がなくなり、社会的に取り残されてしまう予感がする」

「子育てが終わり、これからの人生は下り坂に違いない」

「何をしても、何を見ても、やる気が湧かない」

「年を重ねるほどに、毎日がつまらなくなった気がする」


などなど、さまざまにネガティブな気持ちを感じているのです。

でも、これは非常に残念なことです。なぜなら、**60代は人生を一番アクティブに楽しめる年代**だと、私は常々思っているからです。

定年退職や子供の自立、身体的な機能の衰えをはじめ、60代になると多くの人は環境や体の変化を迎えます。

若い頃は変化へ柔軟に対応できた人でも、脳の老化を受けて、新たな変化をおっくうに感じ始めます。そのため、自分の身に起こった変化にうまく対処できず、恐怖心を抱いてしまうのです。

ただ、**60代に起こる変化は、人生を思い切り楽しむためのステップ**でもあります。

たとえば、定年退職を迎え、「仕事の第一線から離れてしまうのはつらい」「社会に自分の居場所がなくなってしまう」と悲しむ人もいます。でも、逆に考えれば、人生の大半の時間を費やしてきた仕事という用事がなくなるので、**自分が本当に好きなことに時間を費やせる環境が整った**とも言えます。

厚生労働省の調査によれば、仕事や職業生活に関することで強い不安、悩み、ストレスを感じている労働者の割合は、2020年時点で54・2%でした。いわば半数以上の人が仕事を重荷に感じているわけですが、このストレスを手放せると考えただけでも退職を悲しむ必要はないのです。

育児についても同様です。お子さんが親から自立を始め、喪失感を抱く方もいますが、これも見方を変えれば、「これまで子供のために費やしてきたお金や時間を、自分のために使えるようになる」とも言えます。

いわば、これまで抱えていた**「やらなければならないこと」**を手放して、**自分最優先で「やりたいこと」をして良い年代**に突入しているのです。

私自身、現在60代半ばですが、毎日、これまでの人生の中で最も楽しい日々を送っているという確信があります。

日本人は不安を感じやすい国民性のため、「こういう病気になったら困るから節制しよう」「老後、金銭的に困ったら嫌だから節約しよう」などという懸念から、自分が本当にやりたいことにブレーキをかけてしまいがちです。

「認知症やがんなど病気の恐怖」や「老後2000万円問題」など、シニア世代の恐怖を煽る情報ばかりが蔓延《まんえん》するメディアの風潮も、その傾向に拍車をかけています。

それゆえ、「急にやりたい放題にしろと言われても、老後のことを考えるととても無理だ」と思う方も多いかもしれません。

ただ、長年にわたって老年精神医学に携わり、医者として数多くの高齢者を診察してきた身からすれば、**「老いを過剰に恐れず、人生を楽しむ姿勢を持ち続ける人こそが、健康的で、かつ幸せに生きている」**と強く確信をしています。

本書でも詳しく説明していきますが、健康を意識し過ぎて食べたいものを食べず、お金を気にして行きたいところに行かず、世間体を気にしてストレスのある人間関係を無理して継続することは、結果的に心身へ悪い影響を与えてしまうでしょう。

実際、60代頃から思い切り人生を楽しんでいる人は、いくつになっても幸せでいられるし、反対に老いを受け入れられずに楽しむことを諦めてしまった人は、つらい人生を歩まれているように思えます。

60代はまだまだ体力があり、脳の動きも活発なので、現役世代と変わらずにやりたいことを達成できる最後の年代です。だからこそ、「やりたかったのにできなかった」

と後悔する人生ではなく、「やって良かった」と思い出を楽しい気持ちで振り返ることのできる人生を、いますぐ始めることが肝心なのです。

前著『60歳からはやりたい放題』（扶桑社新書）では、**〝60代以降の人生でやりたい放題に生きることがなぜ大切なのか〟**をお伝えしました。

その続編である本書では、より具体的に**「どうすれば60代以降の人生をさらに楽しめるのか」「どんな点に気を付けるべきなのか」**を、60個のコツにして解説していきます。もちろん、本書で紹介したコツすべてを実践する必要はありません。60歳以降は「やりたい放題」なのですから、ご自身が「これは取り入れたい」「やってみたい」と思うものだけ実践してもらえればと思います。

本書が一人でも多くの方のお役に立つことができれば、著者としてこれ以上に幸せなことはありません。

2023年8月

和田秀樹

目次

第1章　我慢しない食事こそ、健康の源

第2章 医者や健康診断に騙されるな

第3章　若作りで老化を食い止めよう

第4章　好きな趣味に没頭して前頭葉を刺激すべき

第5章 やりたい仕事を気楽に楽しむ

第6章　お金を使いまくって幸せに

第7章　他人を気にせず自分の人生を生きる！

第1章 我慢しない食事こそ、健康の源

コツ1 週に一回は気持ちがワクワクする大好物を食べよう

30年以上にわたって高齢者を専門とする医師として数多くの高齢者を見てきましたが、いくつになっても幸せそうに生きている人もいる一方で、「生きることがつらい」と嘆く人もいらっしゃいました。

両者を分ける違いは何か。その答えを知ることが、私にとって長年のテーマでした。さまざまな患者さんと触れ合った末に思うのは、**60歳以降を幸せに生きられるかどうかは「老いとどのように向き合い、付き合っていくか」**だと思うのです。

そして、**老いと向き合う中で、最も重要な要素は「食」**です。

年を取ると食が細くなり、食べることをおざなりにする人も少なくありません。ですが、食べ物をおろそかにすると、その後の人生の質（Quality Of Life：ＱＯＬ）が大きく低下してしまいます。

60代くらいになると臓器が少しずつ衰え、若い頃よりも栄養をうまく吸収できなくなります。結果、若い頃と同じ食事量を食べていても、栄養不足になりがちです。

栄養が足りなければ筋肉や骨の衰えが進み、疲れやすくなるので、外出にも困難を感じるようになります。歩くのがおぼつかなくなれば、ちょっとした転倒やけがで寝たきりになってしまう可能性もあります。

脳への栄養が十分行き渡らなくなるので、頭の働きが悪くなり、記憶力や判断力、意欲が低下。同世代よりも早い段階で、認知症や老人性うつ病などを引き起こす可能性も秘めています。

つまり、**食をおろそかにすると、心身ともに悪いことばかり起こる**のです。

食事の我慢は脳を老化へ導く

こうした大前提がある中で、みなさまにお願いしたいのが、最低でも「**週に一回は本心から食べたいものを食べる**」ということ。

普段は健康に気遣った食生活を送っている人でも、週に一回は大好物のラーメンを食べてみる、週に一回はおいしいスイーツをおやつに食べる……などの機会をつくって、自分の心をワクワクさせてほしいのです。

食事は、栄養補給という側面もありますが、精神的に与える影響も大きいのです。「健康に良いから」「消化に良いから」などという理由だけで食事をしても、心はどこか満たされません。

食べることは人間の根源的な欲求の一つで、脳にも大きな刺激を与えます。**食べ物を我慢することは、脳を老化に導く要因**にもなり得ます。そのため、食べたいもの、おいしいものを思い切り食べることが、60代以降は若い時以上に大切なのです。

食生活の我慢がもたらす免疫機能の低下

脳の老化以外にも、食を我慢することによって、「免疫機能の低下」が引き起こされてしまうこともあります。

日本人の死因は、一位ががん、二位が心疾患と言われます。一生のうちに、がんだと宣告される確率は、男性が65・５％で、女性は51・２％です。つまり、日本人の二人に一人以上は、人生で一度はがんだと宣告される時代なのです。

がんは老化現象の一部なので、長く生きていけば誰かしらどこかが、がん化することは避けられません。ただ、免疫機能を高めることで、それを遅らせることができます。

だからこそ、私たちが注意するべきは**「いかに免疫機能を落とさずにキープして、がんを予防するか」**です。

免疫機能を高めるために重要なのが、ストレスをためないこと。健康診断の数字を気にして、食べたいものを我慢していると、そのストレスが脳へと伝わり、免疫力が低下します。逆に、おいしいものを食べると、脳が活性化し、幸福感が高まり、免疫機能を高める効果があります。つまり、**おいしいものを食べることは、がんをはじめとした病気の予防につながる**のです。

私自身、多くの高齢者の患者さんを診察する中、自分の食べたいものを食べてイキイキと人生を楽しんでいる人のほうが、結果的には長生きする現実をたくさん目《ま》の当たりにしてきました。

実際、健康を気にし過ぎて、高カロリーなものを控え、味の薄いものばかり食べていると、食事にワクワクできません。すると、脳にとって、食事が「楽しい行為」だと思えなくなってしまいます。

60歳以降は、とにかく「脳を喜ばせること」が大切なので、おいしいものを食べて楽しむほうが理に適《かな》っています。

いま、「食べたい」とあなたの頭に浮かんだものを食べることは、脳へ良い刺激になります。ぜひ、好物を最低でも週一回は食べて、脳を喜ばせる時間をつくってあげてください。

コツ2 「塩分」は控え過ぎなくていい

60代以降になると増えるのが、「塩分（ナトリウム）」を過剰に気にする人々です。

たしかに塩の摂り過ぎは、心筋梗塞や脳梗塞などのリスクを高め、血圧を上げ、むくみなどを引き起こす原因になり得ます。そのため、近年では「塩分の摂り過ぎは良くない」とする風潮が強いです。

ただ、塩分は人が活動をする上では、欠かせない存在です。塩分に含まれるナトリウムは、神経の伝達や筋肉の収縮、体内の水分バランスや細胞の浸透圧の調整などの役割を担っているため、不足すると**疲労感**や**食欲低下**といった現象につながりかねません。

さらに怖いのが、**意識の混濁**を招くこと。体内のナトリウムを一定に保つ役目を担うのは腎臓ですが、年齢を重ねると腎臓の動きが弱り、ナトリウムを過剰に体外へと排出してしまい、血中のナトリウム濃度を下げ過ぎてしまうことがあります。

すると、起きてしまうのが、頭がぼんやりする**意識障害**や、**疲労感**、**頭痛**などの症状。道を歩いている途中、意識が遠のき、気が付いたら道に座り込んでしまったり、そのまま意識を失って、転倒して骨折したりするリスクもあります。

近年は、高齢者ドライバーによる暴走事件が取り沙汰《ざた》されることが多いですが、これは減塩による低ナトリウム血症が原因ではないか……とひそかに疑っています。

何かしらしょっぱいものが食べたいときは、体が塩分を欲している証拠。我慢せずに、塩分を摂りましょう。

コツ3 毎食ご飯一杯は食べて糖分を摂取

昨今の糖質オフダイエットの影響で、糖分を過度に節制する人が増えています。そのため、ご飯やパン、麺類などの糖分が多く含まれている炭水化物を避け、おかず類ばかり食べて主食を食べないという人が少なくありません。

たしかに、糖分の摂り過ぎは、肥満だけでなく、糖尿病などの病気を引き起こす要因になり得ます。

ただ、**炭水化物に含まれる糖分は頭や体を動かすのに必須のエネルギー**です。特に、脳は、炭水化物に含まれるブドウ糖を唯一のエネルギー源としているため、炭水化物をしっかり摂らないと頭に十分な栄養素が行き渡らず、低血糖になって、頭がぼーっとしてしまいます。頭がよく働かなければ、脳は活力を失って行動力が失われるし、日々の幸福感も下がります。そして、幸福感が下がれば、ストレスがたまり、免疫機能も下がる……という負の悪循環にハマっていきます。

毎食、主食を減らすとしても、ご飯だと一杯分、食パンだと一枚、麺類だと一人前分くらいは食べるほうが、体には良いのです。

血糖値は「一日30分の散歩」でコントロール

患者さんの中には、「そうは言っても、糖質を摂ると血糖値が気になる」とおっしゃる方もいらっしゃいますが、血糖値も過度に心配し過ぎる必要はない、と私は思っています。

実は私自身、数年前に２型糖尿病だと診断されました。病院に行ったきっかけは、過度な喉の渇きでしたが、いま思えばそれが糖尿病の徴候だったのでしょう。このとき、血液検査をしてみると、私の血糖値はなんと６６０㎎／dℓ！

「血糖値は100mg／dℓ未満が正常値」と言われる中、これは重度の糖尿病と言える数値です。医師からはインスリン注射を勧められましたが、いろいろと考えた末、インスリンは使わないことを決めました。

糖分を摂取して認知症を予防

糖は認知症予防にも効果があると私は考えています。事実、高齢者専門の総合病院である浴風会病院に勤務していた頃、病院内では**「糖尿病の人はアルツハイマー型認知症にならない」**という共通認識がありました。

実際に糖尿病の患者さんの多くは、年齢から考えると格段に頭もしっかりしていて、受け答えもはっきりしているという印象でした。

浴風会病院では毎年100例ほどの解剖をしていたのですが、先輩の医師が亡くなられた方の脳を検査し、糖尿病の患者さんとそうでない患者さんの脳を比較したことがあります。すると、**糖尿病でない患者さんは、糖尿病患者の三倍もアルツハイマー**

型認知症を患《わずら》う人が多いとの結果が出ました。

実はそれ以前に糖尿病の人とそうでない人の生存曲線を比較した研究があるのですが、それでは差がありませんでした。それをもとに浴風会では、糖尿病の積極的な治療を行わなかったことの結果です。

福岡県の久山町ではほぼ全住民を対象とし、亡くなった方を解剖した調査結果があるのですが、それによると生前糖尿病だった人は、そうでなかった人の2・2倍がアルツハイマー型認知症と診断されたのです。これによって、糖尿病はアルツハイマー型認知症のリスクファクターだと医師も考えるようになったのです。ただ、調べてみると久山町では糖尿病の人は全例治療を受けていました。浴風会ではほとんど治療を受けていません。糖尿病がある人が治療を受けると、受けていない人の2・2倍もアルツハイマー型認知症になるのに、治療を受けないでいると逆に3分の1しか認知症にならないのです。このため私は低血糖の怖さを考えるようになったのです。

60代以降は食もどんどん細くなるため、「糖分が多過ぎること」より「糖分が足りないこと」を心配するべきでしょう。

食べないことで体に起こるデメリットや自身の幸福度を考えれば、きちんと糖分を摂ったほうが60代以降の人生は健康で楽しいものになるはずです。

一日のどこかで甘いものを食べる時間をつくろう

糖分の塊である甘いものとの付き合い方についても、触れておきます。

甘いものが大好きな人にとって、お菓子やスイーツを食べる時間は至福の時間でしょう。毎食のように食べていては糖分の摂り過ぎになってしまうかもしれませんが、かといって我慢すると、脳は大きなストレスを感じます。ならば、**一日の中に、スイーツを食べて幸せを感じる時間をつくっても良い**のではないでしょうか。

甘いものを食べる際、最も気を付けてほしいのは**虫歯**です。

60代以降は**歯の健康が、その後の人生の質を大きく左右**します。

年を取ると虫歯が増えますので、虫歯の大敵である甘いものを食べた後は、必ずケアを忘れずに。もちろん一番良いのは歯磨きをすることですが、できない場合は、甘いものを食べた後、マウスウォッシュなどを使って（私は持ち歩いています）、口の中の糖分を洗い流し、虫歯を予防しましょう。

コツ4 コレステロールを目の敵《かたき》にしない

塩分・糖分に並んで、食生活における大敵とされるのが、脂肪分、特に「コレステロール」です。

コレステロールは動脈硬化を促進し、脳梗塞や心筋梗塞のリスクを高めるとされ、脂肪分が多い肉類やうなぎなどを避ける人も少なくありません。

しかし、これも実は大きな誤解です。

そもそも「コレステロールが悪い」との風潮は、欧米の研究がもとになっています。心筋梗塞や肥満が多い欧米の国々では、肉類を避けることで血管の詰まりが改善されると考えられるため、たしかに「コレステロール値や血圧、血糖値を下げたほうが良い」という健康法は理に適っています。

しかし、**欧米に比べると４分の１ぐらいしか心筋梗塞で死ぬ人がいない日本では、必ずしもコレステロールが悪者とは言い切れません。**先に挙げたように、日本人の死因一位は「がん」であり、心筋梗塞による死亡者数は、がんで亡くなる人の12分の１。そこまで、血管を詰まらせるとされるコレステロールを意識する必要はないのです。

食文化の違いも忘れてはいけません。欧米では肉食が日本よりも根付いているため、圧倒的にコレステロールを摂取する機会が多い。

事実、アメリカ人と日本人の一日あたりの肉の摂取量を比較すると、アメリカ人が３００ｇ程度なのに対して、日本人は１００ｇ程度。日本人は欧米人よりも、普段からコレステロールを摂っていないことが分かります。

ならば、**コレステロールによって将来起こるかもしれない心疾患を気にするよりは、コレステロールを摂らないことによる栄養不足を心配するべき**でしょう。

コレステロールは〝幸せホルモン〟の運び屋

意外と知らない人が多いのですが、実はコレステロールは、体にとって邪魔者どころか、欠かせない存在です。

まず、コレステロールは男性ホルモンの材料になるため、活力を維持したい人には必須の栄養素です。特に男性は、男性ホルモンが不足すると、一気に老化が加速します。

60代以降は、**同じ年でも見た目や性格にびっくりするほどの個人差が出ますが、コレステロール不足による男性ホルモン不足が大きく影響**するでしょう。見た目も行動も「しょぼくれた高齢男性」になりたくないと思うのであれば、コレステロールを避けるべきではありません。

これは、女性も同様です。「女性には男性ホルモンは必要ないでしょ？」と思われがちですが、男性ホルモンの一種であるテストステロンは、人間が行動する際の意欲に大きく関わっており、テストステロンが減少すると、意欲や記憶力が低下したり、好奇心がなくなったり、うつっぽくなったりすることは、近年では広く知られています。また、コレステロールは、女性ホルモンの材料でもあります。

男性はもちろんですが、女性であっても、**コレステロールが含まれた肉や卵、うなぎなどを適度に食べて、テストステロンを活性化させてほしい**と思います。

その他にも、**コレステロールは、免疫細胞の材料になる上、〝幸せホルモン〟と言われるセロトニンを脳へと運ぶ役割**があります。血液中のコレステロールが不足すると、脳内セロトニンが減り、気持ちの落ち込みなどの症状を引き起こすと考えられます。

私自身、精神科医として数多くのうつ病の患者さんを診断してきましたが、コレステロール値が高い人のほうが、うつ病からの回復は圧倒的に早いです。

コレステロールを我慢してストレスを感じるよりは、多少のコレステロールは気にせずに、食べたいものを思い切り食べるほうが、健康に生きられる体づくりができるはずです。

コツ5　何より大切なたんぱく質は「体重×1・5g」の摂取を目安に

60代以降が、毎日必ず摂取してほしい栄養素。

それは、**たんぱく質**です。

たんぱく質は、筋肉はもちろん、内臓や骨、歯、肌などの原料になります。たんぱく質が不足すると、内臓の機能がどんどん衰えていくし、筋肉や骨も弱ってしまうし、肌もハリを失い、一気に老けた印象を与えます。

その他、たんぱく質は免疫機能を維持する物質の材料になるので、不足すると免疫機能が衰えてしまいます。年を取ると風邪をこじらせて、肺炎などを起こして亡くなる高齢者が多いのは、たんぱく質の不足で免疫機能を弱らせてしまうのも一因です。

早死にせず、60代からきちんとした体を作るためにも、たんぱく質はしっかりと摂りましょう。

では、一日にどのくらいのたんぱく質を摂るべきなのでしょうか？

一日に必要なたんぱく質の割り出し方は、一般的には「体重（kg）×1g」と言われていますが、年齢が上がるにつれてたんぱく質から筋肉を作る効率はどんどん落ちていきます。なので、できれば60代以上の方については、**「体重（kg）×1・5g」を一日のたんぱく質摂取の目安**にしてほしいと思います。

体重が50kgの方ならば、75g。

体重が80kgの方ならば、120g。

どうでしょうか。想像していたよりも多くてびっくりされた方も多いかもしれません。

文部科学省の「食品成分データベース」によれば、各食品が含むたんぱく質の量は、卵1個（60g）に7・3g、ひきわり納豆1パック（40g）は6・6g、油揚げ1枚（30g）に7g、木綿豆腐1丁（約300g）に21gのたんぱく質が含まれています。肉の場合は、100グラムにつき、若鶏のモモ肉（皮なし）なら19g、豚ヒレなら22・7g、和牛サーロイン（脂身なし）なら17・1gのたんぱく質が含まれています。

ただ、いちいち食品中のたんぱく質の量を調べるのは難しいでしょう。その場合は、目安として、一食につき両手に乗る程度のたんぱく質を摂るように意識しましょう。

なお、たんぱく質は体内にはためられないので、食いだめはできません。三食の間にこまごまと食べ、適度にたんぱく質を補充することが大切です。

たんぱく質の摂取は14時までの間に

年齢を重ねると、血管がもろくなるため、高血圧を気にする人も増えます。それゆえ、過度な減塩を行ったり、血圧を下げる薬を飲んだりと、さまざまな対策を取ります。

ただ、私は、60代以降になったら、**減塩や薬で無理やり血圧を下げるよりも、たんぱく質を摂って血管を強く、弾力のあるものにすることを意識**すべきだと感じています。

実は、たんぱく質には血管を強くする作用があります。

この数十年で脳出血を起こす日本人が確実に減っているのは、日本人が魚だけではなく、肉や牛乳などでたんぱく質をたくさん摂るようになったことで、血管が強くなったからだと考えられます。

１９６０年代の日本人は、血圧が１６０㎜Hg程度でも脳卒中で倒れる人が珍しくありませんでした。一方、現代では、血圧２００㎜Hgくらいある高血圧の人であっても、脳の血管が破れることはほとんどありません。つまり、現代の日本人の血管は、かつての日本人の血管よりも、太くて丈夫になっているのです。

肉や牛乳の消費量は、平均寿命にも大きく関わっています。

先にもご紹介したように、たんぱく質に含まれたコレステロールは免疫機能を強化する効果があるため、肉や牛乳を食べれば免疫力がついて、病気になりづらくなります。

他国を見ても、世界で最初に平均寿命が50歳を超えたのは、世界でも肉食と乳製品の消費量が多いことで知られるオーストラリアとニュージーランドでした。その後、20世紀の初めにアメリカやヨーロッパなどの肉や乳製品を食べる文化が根付いた国々の平均寿命が50歳を超えます。さらにその50年後となる戦後、日本人もたんぱく質をたくさん摂るようになり、ようやく日本人の平均寿命が50歳を超えました。

ここで「ならば、どうして世界各国の寿命を追い抜いて、日本人の寿命が世界で一番長くなったのか？」と疑問に思われるかもしれません。その理由は、欧米のように肉だけではなく、魚や大豆など複数のたんぱく質を摂取する食文化が根付いていたからだと考えられています。

本章でも後述しますが、食べ物は一つの食材に偏らず、満遍《まんべん》なく食べたほうが、体に必要な栄養素を多く摂取できるので、健康維持に効果的です。

なお、**たんぱく質をたっぷり摂る時間帯は、朝や昼など、できるだけ早い時間帯が**ベスト。人間の内臓は、時間帯によって動きが変わります。たんぱく質は、腸の中でアミノ酸に分解され、肝臓で消化吸収された後、それぞれの体にとって必要なたんぱく質へと作り変えられるのですが、それを行う**肝臓は朝から14時くらいまでの間、活発**に動きます。ですので、たんぱく質はこの時間帯に摂ることが、体への負担が一番少なくなります。

コツ6 毎日、一食は「肉」を食べましょう

さまざまな食材の中でも、最も効率的にたんぱく質を摂取できるのは「肉」です。肉が苦手でなければ、できることなら**毎日、一食は積極的に肉を食べてほしい**と思います。

その理由の一つは、肉に含まれているたんぱく質は分解と吸収が早いため、他のたんぱく質よりも、効率的に摂取することができるからです。

その他にも、肉にはセロトニンの材料となるアミノ酸・トリプトファンが豊富に含まれているため、食べると幸福感が高まる効果があります。

脳内の神経伝達物質であるセロトニンは、意欲の向上やうつ病の防止に役立ちます。日々、何気ないことに幸せを感じられる人と何かにつけて文句を言う人がいますが、前者は脳内のセロトニンが多く、後者はセロトニンが少ないのだと思います。

ダイエットなどで肉を食べない人が、イライラしたり、ネガティブな気持ちになり

やすいのは、こうしたメカニズムがあるからこそ。

トリプトファンの含有量が多い肉は、豚肉ロース赤肉が１００ｇにつき２４０㎎、牛肉肩ロース赤肉が１００ｇにつき２３０㎎、鶏むね肉皮付きが１００ｇにつき２３０㎎になります。最近、元気がないというときは、これらの肉を食べると元気が出てくるかもしれません。

さらに、数あるたんぱく質の中でも、**肉は男性ホルモンを活発化し、人を行動的にする働き**があります。

昨年90歳になられた登山家として知られる三浦雄一郎《みうらゆういちろう》さんは、その若々しさや活力の多さで知られる人物ですが、いまだに５００ｇのステーキをペロリと平らげるそうです。その他、99歳まで生きた作家の瀬戸内寂聴《せとうちじゃくちょう》さんや１０５歳までご存命だった医者の日野原重明《ひのはらしげあき》さんも大の肉好きであったことが知られています。

高齢者施設などに行っても、かくしゃくとしてアクティブな高齢者は、いくつになっても肉好きな人が多い傾向にあります。多くの高齢者たちを見ていると、いつまでも元気でいたいなら肉を避けるべきではないのだと感じます。

ビタミンB群が豊富な肉の摂取で認知症を予防

60代くらいになると、少しずつ物忘れが増え、人によっては軽度の認知症を発症することもあります。認知症対策として積極的に食べてほしいのが、ビタミンB群を含む食材です。

認知症の要因の一つは、体内で生成されるホモシステインという物質です。ホモシステインは、必須アミノ酸と言われるメチオニンが代謝する際に生まれる物質で、人間の体には必ず発生しますが、血液中で増加すると、脳卒中や心疾患の他、アルツハイマー型認知症のリスクが上がると言われています。

ただ、このメチオニンの代謝を促進して、ホモシステインを無害なものに変えるとされるのが、葉酸やビタミンB6、ビタミンB12などのビタミンB群です。

そして、**ビタミンB群は、豚肉を中心とした肉類や魚やレバー、ホウレンソウ、ブロッコリー、枝豆**などに多く含まれます。つまり肉を日頃から意識的に摂っておくことで、認知症リスクが下げられるのです。

コツ7 「ベジ（野菜）ファースト」より「プロテインファースト」

食事をする際、食材ごとに食べる順番を意識することも、体の老化防止に効果的です。一番のポイントは、糖質をできるだけ後回しにして、血糖値の急上昇を避けることです。

糖分を摂って血糖値が急に上がると、脳は血糖値を下げるためにインスリンというホルモンを分泌します。血糖値が緩やかに上がる分には問題ないのですが、急上昇すると、脳は「この血糖値を早く下げなくてはいけない」と判断し、多くのインスリンを分泌します。インスリンには糖分を脂肪分に変える働きがあるため、血糖値の急上昇が起きることで、体に余計な脂肪をため込んでしまうのです。

だからこそ、食事をする際は、血糖値の急上昇を避け、緩やかに上昇するような食べ方を心掛けてほしいのです。

その上で、お手本にするべきなのが、日本の懐石料理です。料亭などの食事では、最初に野菜や魚などを使った前菜が出て、焼き魚、肉などの主菜を経て、最後に〆としてご飯が出てきます。

実は、これは血糖値の急上昇を避け、老化に対抗する上で、非常に効果的な食べ方です。

食事の最初に野菜を食べると、野菜に含まれる食物繊維がその後に摂取する糖質の消化吸収を遅らせ、血糖値の急上昇が抑えられ、ダイエットや糖尿病の予防・改善の効果があります。

昨今は、この「ベジ（野菜）ファースト・カーボ（炭水化物）ラスト」という考え方が普及しており、多くの方が実践するところかと思います。

ただ、私自身は、60代以降の人は、**たんぱく質を最初に摂る「プロテインファースト」が望ましい**と感じています。

人間は誰しも、次第に食が細くなります。最初に野菜を食べる「ベジファースト」を貫いていると、野菜だけで空腹感が満たされて、たんぱく質をしっかり摂ることができません。メイン料理を十分に味わうこともできないため、食事を楽しめなくなってしまいます。

だからこそ、まずは「プロテインファースト」で、次が野菜、その次が炭水化物という順番に変えてみてほしいと思います。しゃぶしゃぶなどもそれが可能な料理です。

コツ8　コンビニ弁当やラーメンは体に良い？

食事を作る気力がない日は、食べ物を買ってきて家で食べてもいいし、外食してもいいと思います。中食《なかしょく》や外食は、自炊より塩分や脂肪分が多くなる傾向がありますが、それを差し引いても、60代以降は「食べないこと」のほうが体にとってマイナスになるからです。

一般的に「体に悪い」と言われる**コンビニ弁当も、60代以降であれば、食べないよりは食べたほうが体には良い**のです。

「コンビニ弁当は添加物などが多くて、体に害があるのでは？」と思うかもしれません。たしかに、コンビニ弁当は、手作りのお弁当に比べたら、味付けも濃いので「体に悪そう」と感じるでしょう。

ただ、コンビニの弁当を見てみると、実にさまざまな食材が入っています。

たとえば、幕の内弁当ならば、鮭などの焼魚に卵焼き、野菜などの煮物にお漬物……など、実にいろいろなおかずが並びます。これを自分の家で作れと言われたら、相当難しいのではないでしょうか。

食材も、20～30種類くらいは入っているはず。手作り弁当で、ここまで多彩な食材を使えることは少ないでしょう。食品添加物の害も通常10～20年後の話なので、ある年齢になれば、それほど気にする必要がありません。

食材は偏らず、いろんなものを食べよう

「いろんな食材を食べること」は、健康を維持するためには大切なポイントです。しかし、健康志向が高い人ほど、「免疫力がアップする納豆は体に良いから、毎食、納

豆ばかり食べる」「玄米は完全食だから、玄米しか食べない」など、何か特定の食べ物だけに偏りがちがちです。

この「特定の食品ばかり食べる」行為は、実は健康には逆効果です。

百歳以上まで生きた長寿の人たちが何を食べてきたかを検証した名著『長寿の嘘』を上梓した、医学博士の柴田博《しばたひろし》先生も、「偏らないで何でも食べることが、長生きする秘訣だ」と指摘しています。

仮に栄養学的には何も意味がなさそうな食材であっても、その食べ物に含まれている「微量物質」と呼ばれる物質が含まれています。

同じものばかり食べ続けることで、これらの貴重な物質を摂取する機会を逃してしまい、体にさまざまな不調が生じます。

ただでさえ、60代以降は少しずつ栄養の吸収率が落ち、亜鉛などの微量物質が不足しがちです。食べ物が偏ってしまった結果、体に不調を起こしたり、精神を病んだり……という事態を引き起こしかねません。

だからこそ、一食でさまざまな食材が食べられるコンビニ弁当は、むしろ体に良いとも言えます。

ラーメンを週5回食べたっていい

「体に悪い料理」の代名詞であるラーメンにしても、**最近の無化調（化学調味料を使用していない）のラーメンには20〜30種近い野菜や豚骨、鶏ガラといった食材が溶け込んでいるので、「いろんな食材を食べる」という観点からは、決して悪いものではありません。**

私自身、血圧はかなり高いほうですが、週に4〜5回はラーメンを食べています。

もちろん、365日、毎食コンビニ弁当やラーメンを食べるのはお勧めしませんが、週に何回か食べる程度であれば、問題はありません。

50代まではメタボリックシンドロームなどを気にして食を制限していた人でも、60代以降はむしろ「食べない害」を気にしたほうが良い。

自分で料理を作る気力がなく、コンビニ弁当やラーメンなどを口にすることに罪悪感を持って、「食べない」という選択をするほうが、よほど体に悪いのだと心してください。

コツ9 食べる場所・料理・相手に変化を

60代以降、より一層、大切にしてほしいのが、**誰かと一緒に外食する機会**です。

食事は生活の基本であり、人生の楽しみの一つです。食の楽しみを忘れると、元気な人生は程遠いものになってしまいます。

特に、60代以降は徐々に食べることへの関心が薄れていくため、人生に楽しみを見いだせず、張り合いを失って鬱々とする人も少なくありません。

その対策として効果的なのが、**「外食」**です。

「現役世代ほど稼いでいるわけでもないので、外食を頻繁にするのは後ろめたい」

「食事はできるだけ家で食べないと、栄養バランスが気になる」

「外に出るのがおっくうで、あまり外へ食べに行こうという気分になれない」

などという方もいるかもしれません。

ですが、月に何度かの外食ならば、経済的な負担もさほど大きくないはずです。わざわざ高いものを食べに行く必要もありません。ランチなら1000円の予算内で収まる定食屋やラーメン屋は、探せばいくらでもあるでしょう。厚生年金をもらえ、家のローンが終わっているなら、もっとぜいたくができるはずです。

うしろめたさを持つ必要などありません。体の栄養より、心の栄養を考えるのであれば、むしろ外食でワクワクする気持ちや特別感を優先させてほしいと思います。

60代以降は、会社や家族のしがらみから離れて、自由に過ごせる時間が増え、自分が食べたいものを思い切り食べられるチャンスです。ワクワクしながら、月に何度かは外食を楽しんでみてください。

60代以降に外食をする際の大きな利点は、自分で行く店や食べる料理、一緒に行く相手が選べる点。これは、脳にとって大きな刺激になります。

お気に入りの店に行って、決まった料理を食べるのも良いですが、できるだけ頼むメニューは毎回、変化をつけ、その差異を感じるほうが脳への刺激が行き渡ります。

余談ですが、私自身、週に４～５回ラーメン屋に行くうち、３回はこれまで行ったことがない店へ行くようにしています。行く店に変化をつけることで、脳が活性化し、気力が湧いてくるからです。

なお、一人の外食も楽しいですが、ときには一緒にいて楽しい相手と食べに行く機会を設けましょう。会話は脳を活性化するし、気持ちを若返らせてくれます。

外食する際は、**食べるものと食べる相手、食べる店に変化**をつけることを、ぜひ意識してみてくださいね。

コツ10　テレビを見ながらの黙食より外食で脳を刺激

そんな話を60代くらいの患者さんにすると、こんな反論が返ってくることがあります。

「毎日、妻が家で料理を作ってくれるので、外食に行こうと提案するのは難しい」

「夫の食事を用意しなければならないので、外食したくてもなかなか出かけられない」

　でも、そんな場合は、夫や妻、どちらかが「久しぶりに外食へ行こう」と誘ってみてください。

　いかに経済的であっても、二人でテレビを見ながら差し向かいになって黙々と食事をしていると、脳に刺激が行き渡らず、健康に悪いので、結果的には病院費用などが高くかかるようになるかもしれません。外食へ行くことにすれば、「どの店に行こうか」「何を食べようか」と会話も弾み、新鮮な気持ちになれます。

「いまさら配偶者と一緒に食事へ行く気も起こらない」という人は、「週に一回くらいは夫婦別々に、好きなものを食べに行く日をつくろう」と提案してみてもいいでしょう。

　いかに仲の良い夫婦といえども、同じ日に同じものを食べたいと思えないときもあるのではないでしょうか。

　お互いに好きなものを別々に食べに行く日をつくることで、いつもの外食とは違う発見も生まれ、脳の刺激にもなるはずです。

第2章 医者や健康診断に騙されるな

コツ11 医者の言葉より心の健康を大切に

病院や医者との付き合い方は、人によって行動や考え方が分かれるところです。ちょっと熱が出ただけで病院に行く人がいれば、多少体調が悪くとも「自力で治してしまおう」と市販薬で症状を和らげようとする人もいます。

病院へ行くべき基準は明確には存在しませんが、私自身は、なんでもかんでも異変が起きたから病院へ行くという考え方は、あまりよろしくないと思っています。

病院に行くデメリットはいくつかあります。

その一つが、**「ストレス」**です。

多くの人は、病院の長い待ち時間や度重なる検査につらい思いをしています。

検査結果を待っている間、「もし生死に関わる病気だったらどうしよう」とヒヤヒヤする。検査で異常値が出るたびに、自分の生活習慣にドキリとする。人によっては、医者の上から目線の意見に反発を感じることもあるでしょう。こうしたストレスにさらされることは、病院で診断を受ける大きなデメリットにちがいありません。

その他、病院で処方される薬による副作用も、ばかにはできません。

高齢者になると、体のどこかしらに不具合が出てきます。すると、医師はその不具合を治すために薬を何種類か処方するので、必然的に飲む薬も多くなります。

ただ、薬は、何かしらの副作用が必ず発生するものなので、多数の薬を飲み続けた結果、体調を崩す人や本来の調子を取り戻せなくなる人もいます。しかも、多くの人は「薬は体に良いものだ」と思い込んでいるので、その不調が薬の影響だと気付かず、再び体調が悪いことを理由に病院へ行き、その症状を抑えるためにまた新しい薬をもらう……という悪循環が生まれてしまうのです。

薬を飲んで不調を起こしているなら、まずやめてみることもぜひ検討すべきです。

もちろん医師の言葉どおりにしても良いのですが、残りの人生を好きに生きたいと考え、医者の言葉を気にせず、思うように生きるのも一つの選択です。ご自身にとってよりストレスが少ない決断を、選んでください。

コツ12 健康診断の数値を気にする必要はない

コツ11のとおり、60代以降は「体の健康よりも心の健康を大切に」とお伝えしました。そんな心の健康を阻害する存在があります。それは、「健康診断」です。

たしかに健康診断によって、これまで気付かなかった病気を発見し、命が助かる可能性もあるかもしれません。

ただ、問題は、多くの人が健康診断の数値を過剰に気にし過ぎることです。日本では労働安全衛生法によって、会社が従業員に健康診断を受けさせる義務があるため、大半の人が年に一度は健康診断を受けています。診断を受ければ、嫌でも自分の体の数値を知らされます。そして、診断結果が異常値だった場合、正常値に戻すために、お酒をやめ、脂っこい食事を控え、運動して、薬を飲んで……と生活習慣や食生活を見直す人が大半です。

しかし、**多くの人が重要視している健康診断の基準値ですが、実は当てになりません。**厳しい言い方をすれば、意味のない数字ばかりです。実際、日本の健康診断は検査項目が50～60個近くありますが、科学的なエビデンスがあるものは５個程度しかありません。

では、健康診断の数値は、どうやって決まっているのか。その数値は、「健康」と考えられる人の平均値を調べ、その上下95％の範囲に収まる人を「正常」とみなしているだけなのです。そして、上下95％からはみ出した５％の人を「異常」と判定しています。

つまり、普段から健康に生きていて、身体的に何の不調も感じていない人であっても、平均から少しでも数値がはずれていれば「異常」とみなされてしまうのです。体の数値には年齢や体質、性別などによる個人差も多く、必ずしも数値が正しいとは言い難いのですが……。

「平均値をもとに算出した正常値」という曖昧なものに頼るよりは、「これを食べた後は体調が悪くなる」「この薬を飲むと体調が良い」など、**自分の体に起きた変化に**

ご自身が敏感でいることのほうがずっと大切です。

60代以降になれば少しずつ体には何かしらの異変が出てきて、健康診断で異常値が出ることも増えます。それらの細かい数値を気にしてビクビクして、節制が多い日々を送っていては、心の負担が膨らんでしまいます。それよりは、心の健康を優先して、過度な節制を求めないほうが良いと私は思います。

また、数値が正常だった場合、その数値を過信して、自分の体の声を無視してしまうのも健康診断の問題です。

体に何らかの異変が起きていても、「健康診断では大丈夫だったから自分は健康だ」と思い込み、自分の体に起きた変化や予兆を無視した結果、大きな病気を引き起こしてしまう人も少なくありません。これは、非常に危険な事態です。

ぜひ、数値にこだわり過ぎず、もっとご自身の体の声を大切にしてください。

コツ13 将来を気にし過ぎるほうが不健康

健康診断の正常値にこだわり過ぎ、逆効果になる代表例と言えば「**血圧**」でしょう。

血圧は、１４０／90㎜Hgが一般的な上限値とされています。世の中では高血圧は良くないとされているので、仮に１４１㎜Hgという基準値から少しだけ高い血圧が測定された場合、多くの人は少しでも数値を下げようと一生懸命になります。

でも、血圧が高いと本当に健康や寿命に害を及ぼすのかというと、現代の医学では未知の部分も多いのです。むしろ、年を取ってからは、多少血圧が高いほうが健康であるとも私は思っています。

まず、年を取ると若い頃よりも血管内部が細くなるので、血流が悪くなります。その細い道になんとか血液を通すには、血圧が高いほうが都合が良く、全身の血流が良くなります。

私自身、薬を飲まないと２００㎜Hgを超える高血圧の持ち主ですが、正常値に近い１

40㎜Hgまで血圧を下げると頭がうまく回らず、調子が悪いのです。そこで、正常値よりもやや高めの血圧160～170㎜Hgを維持するように服薬していますが、毎日、朝から晩まで仕事ができるほどに元気です。

もし血圧を下げる薬を飲まれている方の中で「この薬を飲むと頭がぼんやりする」「この薬を飲むと調子が悪い」などという徴候があるならば、自己判断でその薬は飲まないと決めてもいいのではないでしょうか。

未来の医学に期待するのも一つの選択

多くの人が異常値を正常値に戻すべく薬に頼ろうとするのは、「人間は健康でなければならない」という考えに固執してしまうという背景があるのでしょう。

でも、健康でなければいけないというストレスにさいなまれ、食べたいものを食べず、やりたいことに挑戦できないほうが、意欲も衰えるし、活動も減り、身体機能も衰えてしまいます。そもそも健康というのは、基準値が正常ということではありません。

高齢になったら、自分自身の不自由と一緒に生きていくのは当然のこと。もし、いまのあなたの体がどこにも不調がないのなら、健康診断の数値に過敏になる必要はないのです。

繰り返しになりますが、体には個人差があります。

60代まで自分の体と上手に付き合って生きてきた人ならば、どうしたら調子が良くなるかは、医者よりよく分かっていると言ってもいいくらいです。医者の判断よりも、ご自身の経験則のほうが勝っている場合もあるのです。

「いまからケアしておかないと将来が心配だ」という方もいるかもしれません。ですが、医学は目覚ましいスピードで進化しています。

10年、20年後には、医学がいまよりもっと進歩していて、ｉＰＳ細胞を用いて動脈硬化が治ったり、腎臓などの内臓が代替可能になる可能性も十分にあります。そう考えると、**将来を気にし過ぎていまをストレスフルに過ごすよりは、未来の医学に期待して、食べたいものを食べ、やりたいことをする人生を選ぶことも、一つの選択**ではないでしょうか。

コツ14 「心臓ドック」で突然死を避ける

ただ、ここまで健康診断を否定してきた私も、**「心臓ドック」**だけは定期的に検査へ行っても良いのではないかと思っています。

その理由は、**「突然死」**が怖いからです（残念ながら寿命が延びるエビデンスはないそうです）。

「ピンピンコロリ」と言われる突然死は、本人が痛みを感じづらいために理想的な死に方だという人もいますが、私にとって、突然死は絶対に避けたい死に方の一つです。

突然死が嫌なのは、死ぬ前に身の回りを整理できないからこそ。私は人に任せるのが苦手な性分なので、どうせ死ぬなら、自分がいま任されている仕事の算段をつけてから死にたい。また、「死ぬ」と分かっているのなら、秘蔵のワインを飲んだり、食べたいものを思い切り食べたり、会いたい人に会っておいたりと、やれることはやっておきたい。だから、死に至るまでの準備期間がない突然死は、できるだけ防ぎたいのです。

突然死の死因として代表的なものは、心臓をとりまく血管が詰まる**「心筋梗塞」**です。つまり、心臓の血管に支障をきたすと、突然死の可能性が高まってしまうということ。

医学が進み、がんをはじめとするさまざまな病気の治療法が生まれていますが、突然、血管が詰まって死に至るレベルのものであれば、当然ながら治療する暇もありません。

逆に言えば、**心臓の血管の状態をきちんとチェックさえしていれば、いきなり病気で死ぬ事態をかなり避けることができる**のです。

その上で防止策となるのが、心臓ドックです。

まず、心臓ドックはＣＴを使って、心臓の周囲にある冠動脈が詰まりそうな箇所がないかを確認できるので、もしも冠動脈の血管に狭窄《きょうさく》が見つかれば、血管を広げることは、手術は受けられなくてもカテーテル治療でできます。

また、脳ドックでは、MRIを使っていろんな角度から脳の画像を見ることで、脳《のう》動脈瘤《どうみゃくりゅう》を見つけることができます。脳動脈瘤は、くも膜下出血を起こし、突然死に至るリスク要因ですが、脳ドックの段階で脳動脈瘤を見つけられれば、カテーテルを使って血管が破れないように対策することがある程度できます。ただし、これはうまい病院を探さないとリスクが大きいのも確かです。

「突然死したくない」と言う人は、数年に一度は心臓ドックへ足を運んでほしいと思います。

コツ15 がんにおびえず心の準備をしておく

検査と言うと、多くの人が「がん検診」を受けます。

私自身は、がん検診も受けなくて良いと思っていますが、もし受けるのならば、仮に自分にがんが**発覚した場合はどんな対応をしたいのか、治療を受ける場合はどんな**

方法が良いと思っているのかをきちんと考えてから受けるべきです。

「がんが見つかったら治療するのが当たり前でしょ?」と思われたかもしれませんが、60代以降は、がんなどの病気が見つかったら即治療することが、必ずしも良いとは限りません。

これはがんに限った話ではありませんが、大きな病気の治療は、60代以上にとって体にかかる負担が大きいからです。

若い人であれば、回復力が早いので、入院や手術をしても、すぐに元の健康な体に戻り、以前の日常生活を再開させることができるでしょう。しかし、60代以降は、一度病気になると、回復に時間がかかります。

外科的な手術を受ける場合、手術で体を開き、臓器を切るので、体に与える負担は大きいものです。まして、日本ではがんだけでなく周りの臓器も大きく取ることが多いのでなおのことです。抗がん剤治療も、吐き気などで食事が全く食べられなくなり、栄養が十分に体へ行き渡らず、どんどん体力が弱まっていくことで知られています。

若い人ならば耐えられるかもしれませんが、60代以上の方がその治療に耐えるのはかなりの覚悟が必要です。

また、入院生活も長期にわたるため、その間に筋肉が衰え、自分の力で歩くことすらままならなくなるというケースもあります。人によっては、手術自体は成功したものの、回復が芳しくなく、そのまま寝たきりになったり、亡くなってしまう……という方もいるでしょう。

がんが見つかっても「治療しない」選択肢もある

これは大事なことなのでぜひ忘れないでいただきたいのですが、がんは高齢者になれば必ず発生する病気です。

私が高齢者専門病院に勤めていた際、毎年、亡くなった高齢者の方の解剖結果を年に100くらいみてきました。そこで驚いたのが、85歳を過ぎると人間誰しも体のどこかにがんがあるということです。

がんは細胞の老化によって起こるとも言える病気なので、年を取れば、体のどこかが必ずがん化しています。60代を過ぎてがんが見つかるのは、人間の体のしくみを考えれば、ごくごく自然なことなのです。

だから、がんが発覚したときは、思い切って「治療しない」という選択肢を取ってもいいのではないかと私自身は思っています。

医師の間では、「シニア世代にとっては、がんは最も幸せな病気」と言われることもあります。若い人ががんにかかるとまだ細胞が若いので進行が速いのですが、シニア世代の場合、症状はゆっくり進むことが多いものです。そのため、治療をせずに放置していても、亡くなる直前まではさほど体力も落ちず、痛みも感じません。がんがつらい病気だと思われるのは、抗がん剤治療や手術が大変だからこそです。

がんを患った場合は、突然、亡くなるわけではないので、死ぬまでの間、自分の人生でやり残したことや気になっていることを整理する時間もあります。

それゆえ、患者さんの中には**「つらい治療はせず、残りの日々を最大限、楽しく生きていきたい」**という選択をされる方も少なくありません。

以前、70代のとある患者さんは、ご自身の体に重度のがんが見つかった際、「高齢だから自分は治療をしないと決めていた」とおっしゃいました。発覚後、2年後に亡くなりましたが、最後いよいよ調子が悪くなって入院するまでの間は、家の中でいつもどおりに暮らし、好きなことをして暮らしたそうです。

人によっては「治療すれば良かったのに」と考えるかもしれませんが、仮にこの方が手術をしていたら、その後体力が戻らず、病院の中で亡くなっていた可能性も十分にあります。

人間、いつかは死に至るもの。60代以降になったら**がんにおびえて暮らすよりは、「いざがんになったらどうするか」を考えて、心の準備をしておく**ほうが、過剰なストレスを抱かずに済むのではないでしょうか。

コツ16 怖がらず認知症を知ることが一番の対策

60代になると、誰しも一度は頭によぎるのが「認知症になったらどうしよう」という不安でしょう。

２０２1年に太陽生命保険が20～70代を対象に実施した「認知症の予防に関する意識調査」のアンケートでは、最も自分がなりたくない病気の第一位（42・6％）に選ばれたのが**「認知症」**でした。第二位の「がん」（28・7％）に大きく差をつけていますが、なぜこんなにも認知症が嫌われるのでしょうか。

そう私が質問すると、

「認知症になると、何も分からなくなってしまい、自分がなくなってしまうから」
「徘徊したり、記憶力が衰えたりと、通常では考えられないような行動を取るから」
「介護などで、家族に迷惑をかけてしまうから」

などの理由を挙げる人が多いです。

しかし、認知症に対するこれらのイメージには、誤解が多いのです。認知症は実はみなさんが思っているほど怖い病気ではありません。にもかかわらず、メディアが報道する情報によって不安ばかりが募り、過度に恐れられ過ぎているのが実情です。

残念なことですが、いかに医学が進んでも、脳の老化は避けることができません。

私自身、数多くの高齢者の脳の解剖結果を見てきましたが、85歳以上の高齢者でアルツハイマー型の変性がない人はいませんでした。**人生100年時代と言われる中、長生きするのであれば、必ずいつかは認知症**になります。

ただ、認知症になったからといって、不幸だと思う必要はありません。むしろ、むやみに認知症を恐れ過ぎてストレスをため込んでしまうことのほうが、認知症を招く要因になります。

どうせ怖がるのであれば、認知症についてきちんと知ってから怖がることが、認知症予防の最大の対策と言えるでしょう。

初期の認知症は対策すれば問題ない

また、多くの人が誤解しているのですが、認知症は10～20年の歳月をかけて、非常にゆっくりと進行する病気です。急に明日から自分のことが分からなくなったり、何もできなくなることもありません。逆に言えば、「以前からできていた能力」については、変わらずに継続できるので、農業や漁業、芸術などの分野では、認知症になっても活躍している人も多いです。

アメリカのレーガン大統領は在任中に認知症が始まっていたと考えられますが、政務に滞りはなかったようです。

だから、認知症だと診断されても、いきなり日常生活に壊滅的な支障が生まれることはありませんので、慌てる必要はありません。

これを読んだだけでも、多くの方が思っている「認知症になったら人生が終わり」というイメージが、大きく変わるのではないでしょうか。


昨今では脳トレをはじめ、認知症に「ならないための対策」は広く世に知られています。しかし、それで防ぐことはできません。たしかに対策は大事かもしれませんが、**大切なのは「なった後どうするか」を考えておく**ことです。

たとえば、初期の認知症では、物忘れの傾向がみられることがあります。ただ「昨日の夕飯が思い出せない」「スーパーに来たのに何を買おうとしていたのかが思い出せない」などの物忘れであれば、そこまで生活に支障をきたすことはありません。

夕飯の内容を忘れても日常生活で困ることはほとんどありませんし、どうしても思い出したいなら、パートナーに「昨日、何食べたっけ？」と確認すればいい。何なら、毎食、スマホで写真を撮っておけば、後から振り返ることもできます。

スーパーで買う物を忘れてしまうのなら、事前にメモを作って、持っておけば済むことです。もし、メモだと忘れてしまうのなら、手の平に買い物リストを書いてもいい。スマホのメモ機能も使えます。

すべての病気に共通することですが、過度な不安を抱き、生活に神経をとがらせると、人生はますます窮屈なものになってしまいます。「認知症は正しい知識さえあれば、さほど怖いものではない」ときちんと認識していれば、大丈夫。不安に足をすくわれない日々を送ってください。

コツ17 認知症予防のために毎日7～8時間眠ろう

認知症はあくまで老化の一環なので、いまだ科学的な対処法は見つかっていません。

ただ、認知症をできる限り遅らせるのに効果的な方法はいくつかあるとされています。

その中で、最も重要な対策法の一つが**「睡眠」**です。

認知症の中でも代表的な**「アルツハイマー型認知症」**は、脳内に「アミロイドβタンパク質」と呼ばれるアミノ酸からなる老廃物がたまることが原因で発症すると考えられています。この老廃物がたまり、脳の神経細胞が死滅することで、認知症が進んでいくのです。

睡眠には、認知症の要因となるアミロイドβタンパク質を除去する働きと、日々の記憶を定着させる働きがあります。

アメリカのジョンズ・ホプキンス大学の調査によれば、睡眠時間が６時間以下のグループがアミロイドβタンパク質の沈着が最も多く、睡眠時間が７時間以上のグループが最も沈着が少なかったとの結果が出ています。

ただ、「睡眠が長ければ良いのか」というとそういうわけでもないようで、睡眠時間が９時間を超える場合は認知機能に異常をきたすという研究もあるので、**一日に７～８時間の睡眠が認知症予防には望ましい睡眠時間**と言えるかもしれません。

高齢者になればなるほどに、寝つきが悪くなったり、睡眠の質が悪くなったりするため、なかなか7~8時間も連続して眠れないという方も多いでしょう。その場合は、無理に一度に眠る必要はなく、細切れでもいいので、できるだけ睡眠を取るように心掛ければ、脳に良い影響をもたらすはずです。

コツ18 人生の質を高める便利な道具は積極的に使うべき

「最近、歩くときに足がふらついてしまって、落ち着いて歩けない」

「最近、老眼がひどくなってきて、ものが見えづらくなってしまった」

「歯のかみ合わせが悪いせいか、硬い食べ物が食べられなくなってしまった」

などなど、60代くらいになれば、誰しもちょっとした体の不調が出てくるものです。

肝心なのは、この不調を放置しないこと。少しでも自分が「気になるな」「不快だな」と思う体の異変があった場合は、その不調を補う対策を考えましょう。

なぜなら、こうした不調を放置しておくと、

「足が悪いから、外に出かけるのはやめておこう」

「目を使うのがつらいから、読書は諦めよう」

「歯のかみ合わせが悪いから、食べることが面倒くさい」

など、行動することがどんどんおっくうになってしまうからです。

60代以降は脳に刺激を与え、体を使うことが若さを保つ秘訣です。行動の足かせになってしまう要因は取り除く必要があります。

幸いにして、現代には文明の利器がたくさんあります。

足が悪いなら**杖**や**歩行器**を使えばいいし、目が悪いなら**老眼鏡**を使えばいい。歯のかみ合わせが悪いなら**入れ歯**や**インプラント**の導入を検討してもいいでしょう。

「年寄りくさいから、これらの補助具を使うのは恥ずかしい」と思うかもしれませんが、いまは杖にしても老眼鏡にしてもスタイリッシュなものが出ていますし、入れ歯だって使い勝手の良いものがたくさんあります。

超高齢社会の現在、シニア世代をサポートしてくれるグッズにはさまざまなものが登場しています。ぜひご自身の悩みを解決してくれるアイテムを、探してみてください。

60代にして私がオムツを導入した理由

私自身も、世の中に登場する文明の利器には大いに頼っています。

その道具の一つが、「オムツ」です。数年前、「心不全」という病気になったことから、現在、私は利尿剤という薬を服用しています。利尿剤は文字のとおり、尿を体外に排出する作用があるため、以前よりも尿意を頻繁に感じるようになりました。

そのため、車などで移動する際は、いつも「トイレに行きたくなったらどうしよう……」とヒヤヒヤ。仮に高速道路などでは、当然、トイレへ簡単に行くことはできません。尿意に気を取られてしまうと、肝心の運転にも支障をきたしてしまうため、私もかなり悩まされました。

その結果、導入したのが大人用のパッドです。一般的にはオムツは寝たきりになった病人のものというイメージがありますが、意外と世の中で活躍している人の中にもオムツをしている人は多いもの。

私の知人の音楽家も、演奏中にトイレに行きたくなるのが不安だという理由から、舞台に立つときはオムツをはいているそうです。結果、演奏に集中できるようになり、ストレスも減ったと語っていました。

大人用のオムツは、赤ん坊がはくような大きな紙おむつばかりでなく、下着のような形状の一般的に「リハビリパンツ」と言われるものもあります。これは、見た目はショーツとほとんど変わらないので、仮に見られても恥ずかしさはありません。

「漏らしてしまったらどうしよう」と不安を抱えているがゆえに、いつものパフォーマンスを発揮できず、行動に制限が生まれてしまうのは、非常にもったいないことです。

見栄から文明の利器を使わずに、身体機能の不調を放置していると、何かしらの重篤《じゅうとく》な病気やけがにつながる可能性もあります。

たとえば、杖をついて歩かなかったがゆえに、転倒して骨折をする。60代以降の骨折は治りづらいですし、数週間、入院するだけでも筋力は格段に衰えます。

よく言われる話ではありますが、60代以降は些細《ささい》なけがが命取りになります。

若い頃は足をけがして松葉杖を使って歩くことができても、60代くらいになると松葉杖をつく筋力もなくなってしまい、寝て治すしかできず、しまいには寝たきりになってしまうこともあります。

一度、筋力が衰えれば、「布団から起き上がる」「風呂場で立ち上がる」「一人で座る」などの普通にできていた日常生活ができなくなるリスクも十分に考えられます。ご自身のＱＯＬを保ち続けるためにも、文明の利器は快く受け入れてください。

道具は自分の気分で使い分けていい

便利な道具を導入した際は、頼り切るのではなく、気分や体調による使い分けも意識しましょう。

92歳の私の母も数年前に足を骨折したのですが、懸命なリハビリの末、手押し車を使えば一人で歩けるくらいまでに回復しました。ただ、頑張れば一人で歩くことはできるものの、あえて車いすを使う日もあるので、不思議に思い、その理由を尋ねてみました。すると、母からはこんな答えが返ってきたのです。

「だって、車いすは楽なんだもの」

その言葉を聞いたとき、私は目からうろこが落ちたような気持ちになりました。

たしかに、母が車いすに頼り過ぎていたならば、今頃は足の力が衰えて、歩く機能は失われていたかもしれません。逆に、手押し車を使って一人で歩き続けていた場合、無理がたたって体を壊していた可能性もあります。

無理せず自分の体の声を聴き、道具を使い分けているからこそ、現在でも元気に過ごすことができるのだと、私は理解しました。

なお、母は90代の高齢者ではありますが、「道具を使い分ける意識」は60代の人も大切にしてほしいものです。**道具を導入したからといってそれに頼り過ぎるのではなく、「今日は調子がいいな」と思う日は道具を使わない。逆に、「今日は調子が悪いな」と思った日だけ道具を使う**という手段もあります。

何事も決めつけず、臨機応変に向き合うことが大事なのです。

コツ19 「耳」と「歯」に気を付けて認知症リスクを下げる

数ある文明の利器の中でも、特に活用してほしいのが「**補聴器**」です。

耳が遠くなるのは老化現象の一つですが、聴覚の異常は認知症の進行を招きます。

2017年に開催された国際アルツハイマー病会議で、認知症になりやすいリスク要因が発表された際、その一位はなんと「**難聴**」でした。

難聴が認知症に影響するのは、コミュニケーション不全が一つの要因でしょう。耳が遠くなると、誰かと会話をしていても、何を言っているか理解できないときがあります。そのときに「何と言ったのですか？」と聞き返すのが面倒くさくて、「もういいや」と放置してしまう。すると、耳から入る情報が減り、脳への刺激も減ります。

相手の言葉を聞き返すことが多くなると、会話のキャッチボールがスムーズにいきません。次第に会話をするのが面倒くさくなってしまうので、他人と会う機会も減っていきますし、映画を観たり音楽を聴いたりもしなくなるので、さらに脳への刺激が減っていくのです。

それに対して、補聴器も最近はスタイリッシュで、付けていることに気付かれないようなタイプも登場しています。「かっこ悪いから」と敬遠せず、導入を検討してみてください。

耳と並んで気を付けてほしいのが、**「歯」**の状況です。最新の研究では、歯周病を放置すると、認知症の要因となる脳内物質「アミロイドβ」の生育が促進されるとの報告もあります。

認知症だけでなく、歯も食事を楽しむ上では不可欠な存在です。日頃から、歯のケアも忘れずに心掛けてくださいね。

コツ20　遠慮なく周囲に頼って行動を制限しない

足が悪くなったり、腰が痛かったり、目が悪くなったり。何かしら体に不調が出たときは、隠さず、どんどん周囲の人にその状態を伝えましょう。

他人に自分の状況を伝えることを、恥ずかしがる必要はありません。繰り返しになりますが、60代以降の健康状態は個人差がいままで以上に激しくなります。

10代のときはみんな同じように元気に走り回っていた仲間たちも、60代になると千差万別です。元気に走れる人もいれば、杖をついてなら歩ける人もいるし、車いすを使っている人とごくさまざま。

ただ、仮に自分が杖をついていたり、車いすを使っていたりしても、引け目を感じる必要は全くありません。なぜなら、老いは誰にでも訪れるもの。生きている限りは、誰もが通る道です。たまたまその人に老いが早く訪れただけで、いずれはみんな同じように杖や車いすを必要とするのですから。

同窓会などがある際は、「同級生に自分の状況を見られるのが嫌だ」と恥ずかしがって、欠席する人もいますが、これは非常にもったいない。昔、仲の良かった仲間たちに会うのは脳の大きな刺激になりますし、何より心がワクワクして楽しいものです。

一時、恥ずかしさを感じたとしても、一度さらけ出してしまえば、楽しい時間を過ごせます。むしろ、ご自身になんらかの不調があって、仮に何かしらのサポートや配慮が必要な場合は、「車いすで行くから、できればバリアフリーの店を取ってほしい」「最近は目が悪くなっているから、入口で誰かに補助してほしい」などと、どんどんお願いして、周囲の人を頼りましょう。

もし、友人知人に頼むのは気が引けるのであれば、家族を伴って同窓会やイベントごとへ参加するのもいいでしょう。この年代になれば、妻や子供を同伴して同窓会などに出席する人も決して少なくはないからです。

「同級生やかつての仲間にかっこ悪いところは見せたくない」と思うかもしれませんが、先に老いが訪れた人が、同世代に自分の状況を見せる姿勢は、私は大切なことだと感じます。

どんなにいま現在が健康な人でも、誰しも将来に対する不安は抱えているもの。まだ身体的に健康な人にとっても、他人の老いをその目で見ることは自分のその後の人生を想像するための参考になります。

何かしらの体の不調を抱えていながらも、楽しそうに人生を謳歌する知人の姿を見れば、「ああ、自分もこんな人生を歩めたらいいな」と、老いに対するネガティブな気持ちが減っていくはずです。さらに、年齢や状況が近い人であればあるほどに「次は自分の番かもしれない」との思いを抱き、優しく対応してくれる人が大半です。

大切なのは「みんなより一足先にお世話になるね」「いつかは自分がお世話になるね」という精神を、お互いに共有し合うこと。

だから、**他人に自分の状況を知らせることや、他人に頼ることを嫌がって、自分の行動を制限しない**ようにしてください。

コツ21 「できないこと」より「できること」に注目しよう

60代になると、以前に比べ「できないこと」が増えていきます。「できないこと」が増えていくと、絶望的な気持ちになることもありますが、大切なのは「できないこと」ではなく、「できること」を探すことです。

「できないこと」に注目してしまうと、人間誰しも焦るし、ストレスもたまります。

「前ほどたくさん歩けなくなった」と悲しむのではなく、「今日も歩けてありがたいなぁ」と思う。

「以前よりも食事の量が食べられなくなった」と心配するのではなく、「今日もしっかり食事ができて良かったな」と受け止める。

「できないこと」については、すっぱり諦めてしまうに限るのです。

できないことが増えていくと、「今後の自分はどうなってしまうんだろう」と不安になるかもしれません。でも、若い頃は頑張れば「できないこと」を克服できたかもしれませんが、60代になると次第に身体的機能が衰えていくので、無理して頑張るよりは、「できること」に注目して、できるだけその機能を維持することのほうが大切になります。

「年齢を重ねれば、誰しもできないことが増えるのは当たり前なのだ」と受け入れ、「できること」を精一杯、楽しむ姿勢を持つこと。これが、幸せな60代を生きる上で、大きなポイントになると私は思います。

コツ22 完璧主義に陥らず、できることは続ける

とはいえ、身体的な機能が衰えて、いままでできていたルーティンができなくなると、どうしても焦りやいらつきを感じてしまうかもしれません。中には、「こんな状況ならやらないほうがいい」と思って、これまでの習慣をすべてやめてしまう方がいます。

でも、それはNG。なぜなら、老いが一気に加速する要因になるからです。

たとえば、以前、私の知り合いの人で、毎朝のランニングを趣味にしていた方がいました。しかし、60代も半ばを越えた頃から、息切れがひどいし、十分な距離も走れなくなってきました。公園を走っていても、若者ランナーたちにどんどん追い抜かされてしまって、気分も良くありません。「もう自分にはランニングは無理なのだ。だったらやめよう」と、ぴたりと走ることをやめてしまったのです。

しかし、その一件が原因で、気が付くと外出も全くしなくなり、数年後には驚くこ

とに、寝たきり生活になってしまいました。

でも、若い頃と比べて「できないこと」が増えるのは当たり前です。大切なのは、**いかにハードルを下げていくか**、です。長距離が走れないならば、散歩に切り替えたっていいのです。毎朝のランニングの習慣がつらいのなら、昼間にどこかのカフェまで歩いて行って、コーヒーを一杯飲むだけでもいい。

目標だった「走ること」ができなくなったとしても、「外出すること」や「出歩くこと」に目標を切り替えれば続けることはできます。

幸せな60代の大切な特徴は**「完璧主義に陥らず、できることは続けること」**です。

老いに逆らわず、老いを受け入れ、細かなことは気にしない。

一日にやろうと思っていたことが、半分もできなかったとしても、「まぁ、こんなもんか」「今日はよくやったな」と受け入れる。

人が遅刻してきたとしても、「時間はたっぷりあるんだし」とゆったりと思いを巡らして待つことができる余裕があるくらいがちょうど良いでしょう。

これまでの人生、十分に頑張ってきたのだから、そろそろ自分に甘くなっても良いのではないでしょうか。

コツ23 良い医者かどうかは薬の相談で判断

60代になったら、意識していただきたいのが**「病院や医者との付き合い方」**です。病院探しや医者探しの参考にと、近年、メディアが発信する「良い病院ランキング」や「良い医者ランキング」が注目されています。これらの情報を頼りに探してみるのも良いのですが、人気の医者は順番待ちになるし、現実的に通えるエリアなのかを検証する必要もあります。中には、医療業界で力の強い病院や医者に高評価が入る傾向があるため、メディアの情報をうのみにするのも考えものです。

では、どうしたら自分に親身になってくれる、良い医者を見つけることができるのか。

最も簡単な見分け方としては、**「その医者が薬の相談に対して丁寧に対応してくれ**

るかどうか」だと私は思います。

薬の相談を聞き入れない医者は、駄目な医者

60代になると、肝臓や腎臓の機能が衰えるため、薬の代謝に時間がかかるようになり、若者世代と同じ量の薬を処方されると、薬の成分が体に残りやすくなってしまいます。ゆえに、薬を飲んで不調を感じる機会も多くなってきます。

それに対して、「医者から処方された薬だから」と素直に全部飲み続けると、知らず知らずのうちに体が薬漬けになって、体調をさらに悪化させる危険性もあります。

そんな恐ろしい事態を招かないためにも、大切なのは、薬を飲んで不調を感じたら、まずは医師に相談することです。

「この薬を飲むと頭がぼーっとしてしまう」

「薬を飲んだ後は、体調が何となく悪いような気がする」

など、気になったことは速やかに伝えましょう。

そのとき、駄目な医者は「数値は正常だから大丈夫です」「どうしても副作用は起こるものなので飲み続けてください」などと取り合いません。一方で、きちんと患者と向き合う良い医者であれば、「別の薬を試してみましょう」「もう少し量を減らしてみましょうか」などと、別の方法を検討してくれます。

私のこのような医療に対する考え方への批判が、医者向けのサイトに載ったことがあります。それに対する反応を見ると、97％の医者はその批判に賛成していたので、そういう医者を探すのは至難のことかもしれませんが、みなさまには、ぜひ後者の「何でも相談できる良い医者」に出会ってほしいと思います。

コツ24 自分を縛り付けるルールは捨て去ろう

60代からは、**とにかく〝無理をしないこと〟**が大切です。

私自身も60代を迎え、日常の中で〝老い〟を感じることが増えています。

以前は「年寄り扱いされたくない！」と思ってかたくなにたくさんのルールを作っ

ていましたが、いまは「しんどさを感じてまで、そのルールを守る必要はあるのかな」と思うようになりました。

たとえば、以前、私は電車でシートに座るのが大嫌いで、「自分はまだ若いのだから、電車に乗るときは必ず立つようにする」というルールを自分に課していました。しかし、いまでは足腰が弱ったせいか、電車で立っているのがつらい日も多いです。

すると、不思議なもので、次第に電車に乗ること自体が嫌になっていきます。でも、シートに座りたくないからといって、電車を使わず、タクシーや自家用車で移動するのも、運動量が下がってしまうので本末転倒です。

そこで、あるとき「もういいや！」と思い、電車のシートにさっと座ってみたのです。すると、これがとても楽ちんだったので、以来、電車では何のためらいもなくシートに座るようになりました。おかげで、電車移動が苦ではなくなり、以前よりも活発に行動できるようになったように思います。

一度、自分の中で決めていたルールを曲げて、無理をしないこと。その先には、新しい世界が広がっているはずです。

第3章　若作りで老化を食い止めよう

コツ25 若作りは老化のスピードを和らげる

60代を過ぎても若作りをするのは恥ずかしい。そうおっしゃる方もいますが、今後の人生を生き生き過ごすためには、できるだけ若作りはしてください。なぜなら、**アンチエイジングは脳にも良い影響を与えるため、老化のスピードを和らげる**ことができるからです。

想像してみてください。鏡に映った自分を見て、「なんて年を取ったんだろう」とため息をつくのは脳にストレスを与えます。一方で、「なんて今日も肌艶がいいんだろう」「自分もまだまだイケるな」と思ったほうが、脳には良い効果を与えます。

おしゃれをして町へ出かけると、気持ちがワクワクと高揚するもの。実際、老人ホームなどへ視察に行っても、お化粧をすると背筋が伸びる女性は大勢います。また、スーツを着ると背筋が伸びるという男性も少なくありません。

反対に、いつもダラリとしたTシャツやジャージ、パジャマなどでゴロゴロする日々を送っていると、気持ちが切り替わらず、脳への刺激もなくなり、しまいには体調を崩してしまうこともあります。

現代の認知科学の世界では、人の心は内面よりも外面によって形作られるものだという考え方が強まっています。

外見や行動によって人の心は変化し、それを受けて体の状態も変わる。だからこそ、60歳以降は、世間体を過度に気にし過ぎるよりも、心がどう思っているかを大切にしてほしいのです。

着飾ったり、外見に注意を払ったりと、心がワクワクする行動を取ることで、自然に体や脳の状態も良くなっていきます。気持ちがウキウキしていると、ホルモン分泌や前頭葉の働きが活発になり、見た目にも良い影響を与えます。

若い格好をして、いつも華やかな人は、心も常に若々しいのはそういうことなのです。

反対に、明らかに「おじいさん」「おばあさん」と思われるような身なりや体型に気を使わない格好をしていると、心も老け込みやすくなります。

たとえば、洋服の色にしても、シニア世代になるとモノトーンやベージュなどのくすんだ色の服を選びがちですが、たまには**オレンジや赤、黄色などの華やかな色の服を着るのも気持ちが明るくなる**ものです。

どうせ、多くの人は自分が意識するほどに、他人のことを気にしていないもの。「これは自分の年齢には合わないのではないか」などと気にせず、おしゃれをしましょう。

モデルケースを思い浮かべておく

近年、「老後」と言われる時間は以前よりぐっと長くなりました。

事実、厚生労働省の令和3年簡易生命表によれば、65歳の平均余命は男性が19・85年、女性が24・73年と、老後と一言でまとめるにはあまりにも長いのです。

とはいえ、「まぁ、人生は何とでもなるだろう」と思っていては、漫然と時が過ぎていき、気が付けば老いが進み、人生が終わってしまったなんてことになりかねません。生き生きと若々しく年を取って、人生を楽しみたいのであれば、いまから早めに戦略を練っておくに限るでしょう。

そこでお勧めしたいのが、今後、年を取ってから、自分はどんな人間になりたいのかを考えておくことです。これまでのように横並びの人生でなくなるし、前頭葉が老化して意欲が低下する前に、**「年を取ったらこういう人になりたい」というモデルケースを頭に浮かべておく**と良いでしょう。

参考にするには、少し年上の芸能人や過去の偉人、身近で憧れる人でもいいでしょう。そして、その理想像に近づけるにはどうしたらいいのかを、きちんと考えておきましょう。

余談ですが、欧州などに行くと、ポルシェを乗り回したり、ブランドものの洋服をすらりと着こなして歩いている外国人をよく見ます。さらに驚くのが、そうした外国人の多くは、60代以上のシニア世代であることが多いのです。

また、昨今はインバウンドで外国人旅行客が日本にも増えてきましたが、注意してみると、意外と高齢の観光客が多いことにも驚くのではないでしょうか。

欧米の人たちは、年を取ってからも「人生を楽しむ」という姿勢を貫いているので、日本のように「引退したら高齢者」然とするのではなく、引退しても「一人の大人」として、人生を謳歌しています。

私たち日本人も、ぜひ「お年寄り」ではなく「素敵な成熟した大人」になりたいものです。

コツ26 年齢差別は決して気にしないで

「私はこんな年齢だから」

「年がいもないと思われるんじゃないか」

これらの言葉は、今日から禁句にしてほしいと思います。

日本人は若いほどに良いと思いがちですが、それは思い込みに過ぎません。

そもそも、**いまの日本は年齢差別がひど過ぎる**のです。

平均年齢が50歳に近く、世界一の高齢者大国と言われるにもかかわらず、「年がいもない」「高齢者は老害だ」などとやゆする声が決して少なくありません。「高齢者は邪魔者」として若者世代から反感を抱かれる風潮が、どんどん広がっています。

その最たる例が、高齢者ドライバーの件でしょう。80代、90代が運転して事故を起こした人がいれば、メディアがすぐに取り上げて「高齢者からは免許証を取り上げるべきだ」と騒ぐ。ただ、日本では交通事故が毎日１６００件以上、死亡事故だけでも毎日7件以上起こっているため、高齢者ドライバーが起こしている事件の割合はわずかです。すべての交通事故をメディア報道すべきなのに、一部の高齢者の事件しか報道しない。これは偏向報道としか言いようがありません。

その他、子供たちが「親世代の言うことはズレている」「お父さん・お母さんの考え方は古い」などと平気で口にすることがあります。これも、若い世代が、相手の年齢で先入観を持ち、ものごとを決めつけてしまう傾向があるからでしょう。

本来は、相手の年齢で判断する前に、人の意見に耳を傾けて、きちんとその内容を精査するべきです。こうした風潮に、「年齢だけで相手を判断してしまう若者世代のほうが、脳が老いているのではないか」という懸念すら覚えてしまいます。

「若い人のほうが良い」というおかしな常識

日本では何かと「若いほうが良い」という固定観念があります。

たとえば、政治家を見ても、同じような条件の候補者がいるならば「若いほうが柔軟な考えができて良い」「若い人のほうが熱心に働いてくれるはずだ」などと言って、持ち上げる傾向があります。

ただ、国の政治について、若い人のほうが国民の気持ちが分かるとは限りません。実際のところ、若くして政治家になる人は、権力者によるバックアップが非常に大きいため、市民よりも権力者の言いなりになってしまうことが多々あります。

でも、大切なのは、人々の気持ちをくみ取って、政策に反映する力なのに、若い政治家に注目しがちです。これに対しても、**日本の高齢者への根強い差別**を感じざるを得ません。

なお、アメリカは法律によって年齢差別が禁止されており、日本よりも高齢に対する差別意識が低いです。事実、アメリカの大統領であるバイデン大統領が78歳（4年の任期なので82歳まで大統領を続けることが分かっているわけです）にして当選したことを考えると、日本とアメリカの感覚に大きな差があることが分かるでしょう。

雇用についても同様で、日本は「若い人を採用しよう」とする考えが根強いです。たしかに若い人のほうが、フットワークが軽くて、覚えも早そうだし、その後も長く働く余地があると思われがちですが、それはあくまでイメージに過ぎません。

本来はその人の能力や中身で判断すべきなのに、年齢だけで精査して、スキルのある人を無視してしまう。今後、少子高齢化で労働力不足が叫ばれる日本において、大きな課題だと私は感じます。

コツ27　ダイエットをせず小太りこそが健康

最近は、60代でも目をみはるようにおしゃれな方や若々しい方がたくさんいます。

周囲にそんな60代が多い人ほど、「いつまでもすらりとしているとかっこいいな」と思い、ダイエットに力を入れる傾向があるようです。

ただ、年を取るにつれて、代謝が落ちて、脂肪がつき、コレステロールが増えるのは当たり前のことです。糖尿病などの病気の影響で食事制限をしなければならないわけではないならば、60代以降は**ダイエットをしないほうが若々しくいられます。**

事実、ちょっと**小太りぐらいで、食べたいものを食べ、やりたいことをやっている人のほうが健康**だというデータもあります。

東京都小金井市の70歳の人を対象にして、10年間かけて総コレステロール値と生存率の関連性を調べた調査では、総コレステロール値が高い人が男女ともに最も長生きするという結果が出ました。具体的な数値としては、男性は総コレステロール値が１９０～２１９㎎／dℓ、女性は２２０～２４９㎎／dℓです。

しかし、日本の健康診断で異常なしとされる数値は、１４０～１９９㎎／dℓです。大幅な数値の違いがあることが分かりますし、これは「低コレステロールのほうが健康である」という一般常識を大きく覆すものです。

もう一つ、小太りのほうが健康であるというデータがあります。

みなさんはＢＭＩという指標をご存じでしょうか。これは、「ボディマス指数」と呼ばれ、「体重（kg）÷身長（m）を二乗した数字」として、算出されます。

厚生労働省や日本肥満学会によれば、ＢＭＩは18・5以上25未満が基準値とされており、25以上の人は「肥満」として定義づけられています。

ただ、厚生労働省の研究班が40歳の人の平均余命を調べた研究では、肥満に分類される人が最も寿命が長いという結果に。最も寿命が長かったのは、ＢＭＩが25〜30未満の「肥満（1度）」の人々でした。一方で、こちらも最も寿命が短かったのはＢＭＩ18・5以下の「痩せ」に分類される人だったのです。なんと7年くらい寿命が長かったのです。

これらのデータを見ても、男女ともにちょっと太めな人のほうが長生きするということが分かります。

無理なダイエットより「痩せている自分」を手放す

60代以降は小太りでいるほうが、実は美容的にも良い側面があります。

若いときはすらりと痩せている人はきれいに見えますが、年を取ってから痩せると、スタイルは良くとも肌にはシワが増えるし、見た目が年齢よりも老けて見えます。

反対に、小太りな人は見た目もはつらつとしていて、シワが目立ちにくく、肌もきれいです。食べたいものを過度に我慢せず、精神的にものびのびしているせいか、性格も穏やかでギスギスしていない人が多いのです。

私自身、高齢者施設などで患者さんと接する際、いつでも明るく、周囲の人からも好かれているのは小太りな人のほうが多いと感じます。

もちろん持病や体質で太れないという人は別ですが、いま現時点で少し太っている人は、おそらく食べることが楽しみの一つなのだと思います。

無理なダイエットよりは、「痩せている自分」を手放すことが肝心です。そして、食を諦めず、いま目の前にある人生を楽しむことに集中したほうが、きっと精神的にも身体的にも豊かな人生を送れると私は思います。

コツ28 見た目年齢のためにもたんぱく質を摂ろう

本書では60代になると、同じ年であってもその様子には大きく差が生まれることをお伝えしてきました。同窓会などへ行ってみても、外見が若々しく見える人もいれば、周囲よりも10歳、20歳くらい年齢が上に見える人もいます。

どうしてそんなに見た目に差が出てしまうのかというと、ここでも大きな要因となるのは**「たんぱく質を摂っているかどうか」**です。

妙にシワが多かったり、体がしぼんでいるように見えたりする人は、実は肉や魚といったたんぱく質を摂らず、玄米や野菜の味噌汁、蕎麦やうどん、鍋ものといったあっさりした食事ばかりを食べている傾向があります。

玄米や野菜の味噌汁、蕎麦、うどんなどの食事は、たしかに日本の伝統食であり、体に良さそうに思えます。健康診断の数値で言えば、コレステロールや血糖値も低くなりますし、消化も良い。ただ、これらの食事を続けていると、たんぱく質不足に陥りがちです。

第1章でも、「たんぱく質は、筋肉や血管などを丈夫にするためには必須の栄養素であり、60代以降は積極的に摂ってほしい」とお伝えしました。たんぱく質の有効性は、健康のみならず美容に関しても同様です。

中高年の体でたんぱく質が足りなくなると、自身の体に蓄えられた筋肉を分解し、エネルギーに変えていくので、どんどん筋肉が減っていってしまいます。

ただ、仮に途中で筋肉が減ったことに気が付いて、筋肉を回復するために若い人と同じ量のたんぱく質を摂取しても、そう簡単にはうまくいきません。年を重ねると、たんぱく質が筋肉に合成されるまで、時間がかかってしまうからです。

たんぱく質を摂る量が減れば、いろんな方面でたんぱく質不足で肌や筋肉の衰えが起こり、見た目がシワシワに縮んでしまうのです。

検査数値が良いからといって、見た目年齢が下がるとは限りません。逆に言えば、どんなに数値は良くとも、見た目が年寄りだと、心理的にも老け込むのは早くなります。

日々の食事に**牛乳を一杯足したり、ヨーグルトを一個食べてみたり、おにぎりを食べるならば昆布や梅よりも鮭やツナなどに変えたり、多少コレステロール値が気になるとしても、美容のためにも、たんぱく質は人一倍摂ることを心掛けてほしいと思います。**

コツ29 腸を健康に保ち「細胞の炎症」を食い止める

老化の原因の一つは、**「体の細胞の炎症」**です。誰しも細胞の炎症を避けることはできませんが、炎症を最小限にすることはできます。

私が敬愛する抗加齢医学の権威であるクロード・ショーシャ博士は、「細胞の炎症を食い止めることができれば、50歳の見た目のまま、１２０歳まで生きることも可能です」とおっしゃっていました。

細胞の炎症を食い止めるのに重要なのが、**「腸」**を健康に保つことです。

腸というと食べ物を消化吸収する場所というイメージが強いのですが、実は人の免疫細胞の80％は小腸に集まっています。腸にある免疫細胞には体を傷つける異物を排除し、細胞の修復を促進する役目があります。

昨今では**「腸は第二の脳」**と言われるなど、腸を健やかに保つことが精神的にも身体的にも健やかな状態を保つ方法として、広く知られ始めています。

つまり、腸の健康を維持できれば、免疫細胞もきちんと働き、細胞の炎症を防ぐことができるのです。

腸の調子を知るために一番良い方法は、肌を見ること。腸の調子が悪いと、吹き出物が出たり肌がくすんだりと、何かと肌に影響が出てきます。キメが粗くてぶつぶつとした肌は、腸の調子も悪い可能性が高いのです。反対に、キメが整った滑らかな肌を持つ人は、腸の状態も良いのです。

アレルギーの食材を避けて腸を守る

では、腸を健康に保つためにはどうしたらいいのでしょうか。その上で大切なのが、自分が持っている**アレルギーを知る**ことです。

蕎麦、卵などの食物アレルギーから、喘息や花粉症まで、世の中にはさまざまなアレルギー症状がありますこうした急性型のアレルギーは「IgE型」と呼ばれるのですが、その一方で症状は軽いけれど長く続く「IgG型」と呼ばれるアレルギーがあります。「IgG型」のアレルギーが体内で炎症を起こし、腸の調子を悪くします。これが遅延型のアレルギーと言われるものです。

私も自分のクリニックで、数多くの患者さんの遅延型のアレルギーを調べてきましたが、ほぼすべての人が何らかの食品アレルギーを持っています。逆にアレルギーを持っていない人はまれだと言えるでしょう。

ただ、一方で、これらのアレルギーは、なかなか自分では気が付きにくいという事情があります。

たとえば、「食べると疲れやすくなる」「翌日に顔が赤らみやすい」「消化不良が起きやすい」「お腹を壊しやすい」「舌がピリピリする」など、その症状は非常に幅広いのです。

個人によって反応は異なるので、多くの人は「どこか体調が悪いのかな」と気にするだけで、「これが食物によるアレルギーのせいだ」とは気が付かないのです。

分かりづらいアレルギーは、腸の健康を保ち、細胞の炎症を食い止めるためには大きな障壁になります。

だからこそ、**老化を食い止めたいと思う人は、自分がどの食品にアレルギーがあるのかを知ること**が非常に重要になってきます。

では、どうしたら、自分にアレルギーがあるかどうかが分かるのか。それは、体の不調を感じたときは、その前に食べたものが何だったかをきちんと思い出し、記憶しておくことです。

「この食品を食べたあとは、体の調子が悪くなる」「この飲み物を飲んだ後は、心身がだるくなる」という食材を避けるだけで、アレルギーから体を守り、腸の調子を整えることができます。

感覚だけでは分からないという方は、アンチエイジングを標榜する**医療機関などに行けば、IgG型の遅延型アレルギーを調べる検査**もあるので、ぜひ実践してみてください。

私自身、蕎麦が大好物なのですが、検査をしてみると、なんと蕎麦アレルギーがあることが発覚しました。恥ずかしながら、医者であるものの長年の間、自分に蕎麦アレルギーがあるとは全く気が付きませんでした。「これまで普通に食べてきたのになぁ」と半信半疑ながら、しばらくの間、蕎麦を控えてみたのです。

すると、これまでたまに感じていた「体調が悪いなぁ」「お腹が張るな」という感覚が、なくなったことに気が付きました。

相変わらず蕎麦は私の大好物なので一切食べないということはないのですが、格段に食べる回数を減らしました。おかげで、以前のような体の不調は、ほとんど感じることがなくなりました。体の中でひそかに進んでいた老化が、アレルゲンだった蕎麦を控えたことによって改善されたのではないかと思っています。

みなさんも、もしかしたらご自身の知らないところでアレルギーが発生している可能性もあります。少しでも老化を食い止めたいと思うのであれば、一度、ご自身の遅延型アレルギーについて、真剣に向き合ってみてほしいと思います。

コツ30 美容医学のメリットを考える

最近の美容医学や抗老化医学の発展には、目をみはるものがあります。

たとえば、薄毛治療ならば、市販の育毛剤やサプリメントを買うよりは、病院で処方される**AGA治療薬**を飲むほうが、かなりの発毛効果が期待できます。自費治療なので高額だと感じるかもしれませんが、毎月数千円で薬を手に入れることができます。市販の育毛剤よりは高いかもしれませんが、効果は歴然です。

肌も同じで、シワ取りクリームを買うよりは、美容皮膚科のクリニックに行って、適切な薬や治療法を処方してもらうほうが効果はあります。最近では、張りのある肌を取り戻すため、年齢関係なく**ヒアルロン酸**や**ボツリヌストキシン**などの**注射**を打つ方も少なくありません。私自身、見た目の若さを維持するために、定期的にボツリヌス注射（一般的な商品のボトックスより顔を引きつらせることが少ないディスポートという薬剤）を打っています。ボツリヌス注射を打つと、肌に張りが出てシワがなくなり、一気に若々しい印象になります。

美容皮膚科もお金はかかりますが、少なくとも医学的に認められている効果があります。どうせ高いお金を払うのであれば、**育毛剤**や**シワ取りクリーム**のような効果がはっきりしない（効く人もいますが）ものを買うのではなく、効果が認められている施術にお金を払ってほしいと思います。

第4章　好きな趣味に没頭して前頭葉を刺激すべき

コツ31 趣味や遊びで認知症を遠ざける

60代からは「老化を防ぐには、脳に刺激を与えることが大切」だと、本書では何度もご説明してきましたが、「**趣味**」や「**遊び**」は脳に刺激を与えるのになくてはならない存在です。

「これまで仕事一筋だったから、遊ぶのは苦手だ」
「いままで忙しくて、趣味がほとんどない」
という人は、ぜひ本章を通じて、ご自身が楽しめる遊びや趣味を見つけてほしいと思います。

なぜ、脳に刺激を与えることが大切なのか。それには、脳の「**前頭葉**」という部位が大きく関わってきます。

前頭葉は脳の中でも、創造性や感情のコントロールなどを司る部分です。前頭葉が活発に働いている人ほど、クリエイティブで柔軟性があり、いつでも朗らかで楽しそうな人が多いと考えられます。

ただ、この前頭葉は、年齢とともに萎縮が始まります。前頭葉が萎縮して、機能が低下すると、創造性が下がったり、感情のブレーキが利かなくなり、キレやすくなったり、感情の落ち込みが激しくなってうつ状態になったり、柔軟性が利かずに新しいことに対して消極的になってしまいます。

よく「年を取ると、何事もおっくうになる」というのは、前頭葉の機能が低下していることが大きな要因となっています。

前頭葉は、40代くらいから徐々に萎縮していくのですが、放置していると新しい刺激を怖がるようになり、感情や行動がどんどん老け込んでいきます。

その結果、

「失敗したら怖いので、行きつけの店にしか行かなくなる」
「知らない人とは会いたくなくなる」
「他人と会話をすることが面倒くさくなる」

「同窓会や飲み会などイベントごとに誘われても参加しない」

「毎日、テレビばかり見て、出かけなくなる」

などの傾向がみられるようになります。

現時点で、「自分にも当てはまるな」と思った人は、もしかしたら前頭葉機能低下の初期症状かもしれません。

ポジティブな感情で前頭葉を刺激！

前頭葉の老化を放置すると、「何かをやりたい」という意欲がどんどん低下していきます。意欲が低下すれば、好奇心が薄れ、外出する用事も減っていきます。すると、新しい刺激が受けられなくなるので、ますます脳の機能は衰え、**認知症**や**老人性うつ病**にもつながりやすくなります。

外に出かけなければ、筋力も低下し、体の機能も衰える。まさに、悪いことばかりです。

多くの人は脳機能というと、記憶力の低下を気にしますが、記憶の低下よりも意欲の低下のほうが老化を促進することを忘れないでください。

40代になると誰しも前頭葉自体は萎縮していくものですが、萎縮したからといって、必ずその機能が低下するわけではありません。きちんと脳を使っている人の前頭葉は、いつまでも活性化しています。反対に使わない人は、どんどん機能が落ちていきます。

だからこそ、**老化を防ぎたいなら、前頭葉を刺激**する必要があるのです。

前頭葉は**「うれしい」「楽しい」「感動した」**というポジティブな感情に大きく刺激されます。

これらの感情は、趣味や遊びを通じて得られることが多い。60代以降は、ご自身の趣味や遊びとどう向き合っていくかが、非常に大切なポイントになっていきます。

コツ32 無理やりでも一日一回は出かける用事を

定年退職を迎えた人に多いのが、会社に行かなくなった途端、急に外出しなくなり、家の中にこもりっきりになってしまうパターンです。

でも、これは前頭葉の老化を促進する行為です。

毎日、刺激のない日々を送っていると、脳の機能もますます衰えていきます。さらに、外へ出ないと運動量もがくんと減って、体も衰えてしまいます。

特に外出する用事がなくても、**最低でも一日に一回はどこかへ出かける用事を無理やりつくって出歩く習慣**をつけてください。

せっかく「会社」などの足かせがなくなって、自由な時間ができたのだから、いろいろなところへ足を運べるチャンスだと思って、ぜひ行きたいところへ行ってみてほしいのです。

そんな「楽しい」をたくさんつくることで、身体的な機能も活用できるし、何より意欲が湧くはずです。

ご長寿県・長野県に見る「出かけること」の重要性

ただ、「歩くのはおっくうだ」という人は、必ずしも歩く必要はありません。出かける手段は、自転車でも、電車でも、自動車でも何でも構いません。とにかく「用事をつくって、外に出ること」が肝心なのです。

私がこのように患者さんに言うと、「あれ、60代くらいになったら、歩かないと足腰が衰えてしまうんですよね？」とおっしゃる方もいます。

でも、これは勘違いです。たしかに歩くことは体を使うので、健康に良い影響を与えるでしょう。でも、仮に自動車を運転したとしても、十分、体に良いはずです。

その根拠の一つとして、都道府県の中でも寿命の長さで知られる長野県を例に挙げてみましょう。長野県は１９９０年代以降、何度も平均寿命全国一位を記録するご長寿県です。実際、２０２２年８月に公益社団法人国民健康保険中央会が発表したデータでは、長野県は女性が全国一位、男性が全国二位の平均寿命を誇っています。

長野県がご長寿県となった理由について、当初、多くの人々が「山道で足腰を鍛えているからだ」「イナゴや蜂の子などの昆虫食が要因なのではないか」などと考えられていました。

ただ、いかに山が多い地域とはいえ、長野県の人々の大半は自動車移動で、歩く機会自体は減っているはずですし、近年は昆虫を食べることも少ないでしょう。では、なぜ長野県がご長寿県としての地位を保ち続けているのでしょうか。

私自身が思うに、長野県の高齢者がご長寿なのは、**毎日のように「出かける理由」があるから**こそでしょう。

長野県は、高齢者就業率が非常に高く、全国ナンバー1を何度も獲得しています。仕事をしていれば、当然、外出の用事も増えます。つまり、自動車であっても徒歩であっても、移動手段は何でも良いので、意欲的に外出すること自体が長寿に影響しているのにちがいありません。そう考えると、長寿にとって大切なのは、「歩く」ことよりも「用事のために外へ出ること」なのでしょう。

「健康のためには歩かなければならない」と一生懸命歩いた末、疲れてしまって数日間外出しないよりは、楽な自動車移動で毎日のように外出したほうが、健康にはプラスです。

だからこそ、できればみなさんには一日に一個でもいいので「今日はこれをしよう」と外出する予定をつくってほしいと思います。

コツ33 散歩は太陽の光を浴びられる朝がお勧め

用事をつくって外出するタイミングは、「**朝**」をお勧めします。

その理由は、**太陽の光が人間の体にとって欠かせない**ものだからです。まず、朝に太陽の光を浴びると、脳内ではセロトニンの分泌が盛んになります。大切なことなので繰り返しますが、60代以降は体の健康だけでなく、心の健康を意識することが大切です。セロトニンが分泌されれば、気持ちも鬱々とせず、ポジティブな気持ちをキープできます。

セロトニンは、**不眠改善**や**認知症予防**にも効果があり、夜になると脳内でメラトニンと呼ばれる物質に変化します。このメラトニンは睡眠に密接に関わるホルモンで、分泌量が不足すると眠りが浅くなったり、早朝に目覚めてしまったりするといった、**不眠**につながる恐れがあります。

先にもご紹介したように、質の悪い眠りが続くと認知症の原因となる老廃物・アミロイドβを排出しづらくなります。また、眠れない日が重なれば、気持ちが落ち込みがちになるので、明るい気持ちを保つためにも、メラトニンの存在は不可欠です。

私自身も50代後半から朝30分ほど散歩する習慣をつけるようになりましたが、血糖値などの数値の改善の他、夜もぐっすり眠れるようになりました。

朝から体を動かすと、腸が動いて朝食をしっかり食べられるようにもなります。このように、朝の散歩は、良いことずくめです。

コツ34 お酒とたばこは必ずしもやめなくてよい

昔から「飲む・打つ・買うの三拍子は昭和の男のたしなみ」だと言われてきました。

昨今、そんな言葉は流行らないと思われる方もいるでしょうが、60歳以降はむしろ**「飲む・打つ・買う」**を積極的にやっていくべきだと思います。

それぞれ、順番に解説していきましょう。

まず、お酒について。60歳以降、健康のためにお酒を過剰に制限する必要はありません。

アルコールの目安としては、**翌朝、二日酔いにならない程度。**翌日に残るほどの飲み方をするのは、適量をオーバーしているので控えましょう。

年配になると、「お酒は体に悪いからやめる」とお酒を完全に断つ人もいますが、お酒好きの人がこれをやるのはあまりよろしくありません。

たしかにアルコールは飲み過ぎると体に害を与えますが、60歳までお酒を飲んできた人ならば、ある程度自分の限界の酒量は分かっているはず。それまで飲んできた量から過度に量が増えることがなければ、問題ないと思います。

アルコールが人体に与える害には、個人差があります。

たくさん飲む人であっても、60歳まで同じ量を飲んできて、体を壊していないのであれば、お酒を飲んでも体質的に問題ない人である可能性が高い。むしろ、お酒を過剰に制限して、ストレスをためるほうが体には悪いかもしれません。

余談ですが、**たばこ**も同様です。たばこは健康に悪いものとして知られています。ただ、その害には個人差があり、90代になってたばこをプカプカ吸っていようが、元気でピンピンしている人もいます。私の勤務していた病院に併設する老人ホームでの長期追跡調査によれば、60代になっても肺気腫などの病気にかかっていないのであれば、吸っている人と吸っていない人の生存率に差はありませんでした。無理に禁煙などを試みてストレスをため込むほうが、よっぽど体には悪影響です。

お酒を飲むときは人と一緒にランチで

お酒を飲む際、一つ注意したいのは、**「一人飲み」をしない**ことです。

一人で飲むと、飲むことに専念してしまうので、いつの間にか酒量が増えてしまい、アルコール依存症になるリスクが高まるからです。

お酒を飲みたいなら、**誰かを誘って一緒に飲むか、なじみの店に行って店の人と話しながら飲みましょう。**

たとえば、私はワインが大好きなのですが、一人で飲む場合はハーフボトル程度の量に抑えています。そして、思い切りワインを飲みたいと思ったときは、友人を招いてワインを飲む会を開くようにしています。

誰かと一緒に飲めば一人でワインを飲み過ぎることもないし、ワインという共通の趣味を通じて、新しい人と出会うこともできる。一石二鳥です。

お酒に関して、よく質問されるのが「どのお酒を飲んだらいいですか？」ということ。

一般論で言えば、ポリフェノールが豊富に含まれた赤ワインが一番体に良く、次に良いのがウイスキーや焼酎といった蒸留酒。そして、体の酸化を招く糖質たっぷりのビールが最も体に悪いと言われます。

ただ、実はこれも体質によって変わるので、一概には言えません。私自身、昔はバーボンなどを飲むのが好きでしたが、ワインを習慣的に飲むようになってからは蒸留酒を飲むとすぐに酔っぱらってしまうようになり、避けています。

また、「休肝日はあったほうがいいですか？」ともよく聞かれるのですが、週に一日、二日の休肝日を設けても、さほど効果はないように思います。肝臓を休めたいと思うのならば、一週間くらい続けてお酒を飲まない日をつくらないと意味がないとされています。

むしろ怖いのは「休肝日をつくっているから、日頃はたくさん飲んでもいい」と勘違いしてしまうこと。それよりは、毎日飲んだとしても、アルコール量をほどほどにするほうが肝臓には良いのではと私は思います。

もし健康を考えるのであれば、定年退職後であればできればアルコールを飲むタイミングは、「夜」よりも**「昼」**を選びましょう。

アルコールは肝臓を通じて分解されますが、第2章でもご紹介したように、肝臓が活発に活動するのは朝から昼にかけて。だから、お酒を飲むならば、ディナーでお酒を飲むより昼のランチで飲むほうが、体への負担は少ないのです。友人との会食や飲み会にしても、できれば夜ではなく昼に開催するほうが良いでしょう。

コツ35 パチンコより麻雀や競馬のほうが前頭葉に良いワケ

続いては「打つ」。すなわち「ギャンブル」も、脳の活性化に効果があります。

認知症にも大きく関わる脳の部位である前頭葉は、想定外の出来事に強く反応します。いくら難解な本を読もうが、難しい数学の問題を解こうが、側頭葉や頭頂葉は活性化しても前頭葉は活性化しません。

引っ越しをして住む場所が変わった、転職して会社が変わった、普段と違う帰り道を通ってみた、行ったことのない店に行ってみた……など、**「いつもと違うこと」が前頭葉には大きな刺激**になります。

その点、先が読めないギャンブルは、脳には良い結果をもたらします。予算の範囲内であれば、ギャンブルを趣味として楽しむことは全く問題ありません。

ただ、ギャンブルを行う点で、大きなポイントとなるのが、研究精神を持つことです。

ギャンブルにしても、ただ適当に何かに賭けて、結果をぼんやりと待っているようでは、前頭葉に刺激は伝わりません。

たとえば、競馬なら新聞を読んだり、過去の成績を分析したり、「どうしたら勝率が上がるか」などを一生懸命、考える必要があります。

その点で言うと、台の前に座ってぼんやりと打つだけになりがちなパチンコよりは、**競馬**や**競艇**、**競輪**、**麻雀**など、何かしらの研究精神が必要なギャンブルをするほうが、脳にとってはプラスになります。また、前頭葉が老化していると毎日行けるパチンコなどは依存症のリスクも高まります。

コツ36 「異性に関心を持つのは良くない」にとらわれない

「飲む・打つ・買う」の、最後の項目**「買う」**。

本書で論じる「買う」とは、異性に対して関心を持つこと全般を意味します。

シニア世代になると性や恋愛にのめり込むのはみっともないと言われることも多いのですが、脳の視点から見ると、むしろ反対。**性的な興奮や恋愛の高揚感**は、脳には最高の刺激になりますし、男性ホルモンを増やす良い契機になります。

男性ホルモンは、性的な能力以外にも意欲やモチベーションを司るホルモンですが、男性の場合は年齢とともに分泌量が低下していきます（女性は逆に閉経以降、男性ホルモンの量は増えていきます）。

なお、男性の場合は、男性ホルモンがあまりに低下すると、「ＬＯＨ症候群」と呼ばれる男性更年期の症状に陥ることもあります。ＬＯＨ症候群に陥ると、性欲減退はもちろん、体力や気持ちも落ち込み、人によってはうつ病に近い症状が現れます。こうした症状を防ぐためにも、男性ホルモンは若々しくいるためには欠かせない存在です。

そして、男性ホルモンを分泌させる上で効果的なのが、性欲や恋愛によって得られる〝ときめき〟です。

かといって、別に「積極的に不倫や浮気をしなさい」と提言するわけではありません。

抵抗がない人であれば**風俗**に行くのもいいですが、**セクシュアルな動画**などを見るだけでも脳には刺激が伝わります。

大切なのは心理的な〝ときめき〟ですので、**心の中で好きな人をつくる**だけでも、効果はあります。たとえば、老人ホームで、それまではヨボヨボのおじいさん・おばあさんだった人たちが、好きな異性ができた途端に、急に肌艶が良くなるというのもよく聞く話です。

異性と会話をするだけでも、十分です。男性ならば**キャバクラ**や**スナック**へ行って若い女性と話すのもいいし、女性ならば**ホストクラブ**へ行って、かっこいい男性と話すだけでもいい。

昨今、話題になっている〝推し活〟もいいでしょう。好きなアイドルのライブへ行ったり、握手会へ行ったり、ＤＶＤを見たりするだけでも、全く効果は違います。

とある閉経を過ぎた私の知人女性は、大好きな男性歌手のコンサートへ行って、大興奮。感動のあまりに涙を流した翌日には、何と生理が復活したと語っていました。

普段から異性の目を配慮して身だしなみに気を配ったり、〝モテたい〟という意欲を持ったりするだけでも効果はあります。

「いい年をして異性に関心を持つのは良くない」などという社会が決めた道徳観にとらわれる必要はないのです。

コツ37　暇つぶしのテレビつけっぱなしは改めよう

これまた多くの方が誤解しているのが、「年齢を重ねるほどに感受性が落ちる」という風説です。たしかに、高齢者になるとちょっとしたことでは驚かなくなるし、若い頃のように「箸が転がるだけでもおかしい」という体験はしなくなります。

でも、これは、感受性が下がった結果ではありません。

長い年月を生きて、人生経験が豊富になるからこそ、つまらないことでは楽しめなくなっているだけです。むしろ、**「目が肥えている」**と言ったほうが正しいでしょう。

試しに、吉本興業が運営するなんばのグランド花月に行ってみてください。70代、80代、90代の高齢者が、舞台を見てげらげらと笑っています。では、10代の女性が笑っていないのかと言えば、若い人たちはもっとげらげらと笑っています。

本当に面白いプロの芸人は、70代でも90代でも笑わせることができるし、10代の若者だって笑わせられるのです。

逆に言えば、10代、20代の若者は、まだまだ人生経験が浅いので、ささいなことで笑います。若い世代しか笑わせられない芸人は、本当のプロではありません。毎年、行われるM－1グランプリにしても、審査員を全員80代以上にしたら、もっと面白い芸人が評価されるのではないかと私はひそかに思っています。

60代くらいになると、ひねりのない芸を見ても、「何が楽しいのか」と白けてしまいます。

だから、年齢を重ねるほどに、昨今のバラエティ番組などを見ても、本気で面白いとは思えないのではないでしょうか。ただ、つまらないものをダラダラ観るのは、脳にも悪影響です。

もし、みなさんが「最近のバラエティ番組はつまらないなぁ」と思いながら、テレビを観ている場合、脳に刺激が行き渡らず、認知症の発症などが早まる危険性もあります。ただ**暇つぶしのためにテレビの電源をつけっぱなしにしているという人は、ぜひそのスタイルを改めてほしい**と思います。

特に、いまの80代以下は、力道山のプロレスや野球中継をはじめ、テレビが最高のエンターテインメントだった世代です。小さい頃からテレビがあるからこそ、テレビから情報を得ることが当たり前になっている側面もあります。

自分が観たい番組をピンポイントで観るのは結構ですが、さほど興味の持てない番組をつけっぱなしにする事態は、脳にとっても悪影響なので、ぜひ避けてほしいと思います。

どうせテレビをつけるならば、何か自分は本気で集中できて、脳が活性化するような映画や落語、漫才などのＤＶＤを借りてきて、流しっぱなしにするほうがいいでしょう。

いまの時代は配信サービスなどもあるので、わざわざレンタルしに行かなくても、いろんなコンテンツをオンラインで楽しむこともできます。質の悪いコンテンツに、ご自分の脳をさらし過ぎないでください。

コツ38 友達がいなくても趣味さえあれば問題なし

60代くらいになると、会社も定年退職するし、友人たちとも疎遠になるし、ときには親しい人と死別する機会も増えていきます。そんな中で、多少なりとも、誰しも孤独感を抱えるものです。

ただ、私自身は、孤独は悪いものではないと思っています。

孤独は時間がたてば次第に慣れていきますし、人間はこの世に生まれ落ちてから死ぬまで、結局一人でしか生きられません。**「友達がいなければいけない」「仲間がいないのは不安だ」という強迫観念を捨てさえすれば、周囲に仲の良い人がいなくても、意外と気楽に生きられる**ものです。仕事などのしがらみがないなら、気の合わない人と付き合って、変なストレスをためる必要などないのです。

ただ、どうしても寂しさが埋まらないと感じる場合は、ぜひ積極的に外へ飛び出して、趣味をつくることをお勧めします。

囲碁や将棋を習ってもいいし、脳に良い影響を与えるカラオケもいい。その他、お茶でもお花でも、何でも続けてみたら次第に楽しくなってくるものです。外国ドラマを観まくってもいいですし、古本集めにハマってみてもいいでしょう。

中でも私が特にお勧めしたいのが、ＹｏｕＴｕｂｅやＴｗｉｔｔｅｒといったネットサービスを使って、自身の考えを世の中へ発信することです。

いまはＳＮＳ全盛期で、世の中に自分の意見を発信する人が増えています。自分が突き詰めた趣味の感想や状況をネットで発信することで、モチベーションも高まるし、同好の友も見つかりやすい。

さらに言えば、発信者の多くは若者なので、60代の発信者には希少価値があります。シニア世代の声を世間へ届けるためにも、60代インフルエンサーを目指して、オンラインで活躍してみてはいかがでしょうか。

ゼロから友達をつくるより没頭できる趣味を

趣味を持つ大きな利点は、一人でも楽しめる点です。

友達は、相手がいないと成立しません。年配になってから新たに友達をつくろうとしても、どこに住んでいるか、趣味は合うか、話は合うか……など、気にしなければならない要素が多いので、若い頃のように真に分かり合える友人に出会えることは少ないかもしれません。茶飲み話や思い出話ができる知人が数人いたら、十分でしょう。

でも、趣味に関しては、相手から断られることもないし、行き違いや口論の末、仲たがいすることもありません。一人で心行くまで楽しむことができます。

コロナ禍のときに、どこもガラガラで予約が取りやすいという理由で、私は日本各地へと旅行に行きました。その道中で、よく見かけたのが鉄道ファンの方々です。全国各地の鉄道で出会った彼らは、車内の様子を撮影し、車窓から見える風景を楽しそうに見入っていました。

出会った鉄道ファンの方々はみんなほとんど一人で行動されていましたが、誰一人孤独感を漂わせている人はいません。みんな無上の幸せといった表情で無心に電車を楽しんでいます。

鉄道ファンの方々は、もしかしたら周囲の人からは「鉄ちゃん」「鉄道オタク」などと呼ばれ、ときにはその趣味をばかにされるようなこともあったかもしれません。でも、周囲の声を気にせずに我が道を貫いてきた人ほど、孤独に強いし、年を取っても人生をずっと楽しむことができます。もはや、人間の友達以上に趣味が〝友達〟になるのです。

私の敬愛する解剖学者で作家の養老孟司《ようろうたけし》先生も、昆虫採集が大好きで、毎年そのために海外にも出かけられるし、暇さえあれば昆虫に時間を使っているそうです。こうした**夢中になれる趣味がある人は、おそらく一生ずっと楽しむ**ことができます。何とも豊かな人生の過ごし方ではないでしょうか。

趣味の世界は、コアなファンが多いほどに参入するのが難しいと引け目を感じることもあるかもしれません。

たしかに、20代のときから切手のコレクターをしている人と、70代から始めた人とでは、集めている切手の量や知識は違うでしょう。でも、定年後であれば時間だけはたくさんできますし、基本的に趣味とは一人で楽しむものです。

本書内でもこの後解説していきますが、60歳以降に意識してほしいのは**「他人と比べないこと」**です。趣味についても同様で、自分が楽しめるのであれば、他人と比べる必要はありません。年配になってからこそ、自分が極められる趣味を見つけてほしいと思います。

コツ39　新たに趣味をつくるなら人の目は気にしない

「高齢になってから新たに趣味をつくるなんて、何をしていいか分からない」と思う方もいるでしょう。そんな方は、幼少期からやってみたかったことに、ぜひ挑戦してみてほしいのです。

私の知人の男性は、青年時代はフィギュアや写真集などに強い興味を持っていました。でも、この趣味はお金も時間もかかるので、結婚してからは、その趣味をすべて捨てて生きていたそうです。

いざ、60代になって仕事も引退し、時間ができた。子供ももう大きいので、教育費もかからない。そこで、昔のように神保町の古書店巡りをはじめ、かつて欲しかったフィギュアや写真集などを集めるようになりました。

若い頃は高くて買えなかった数万円もするようなフィギュアや写真集も、現役時代ほど生活にお金がかからなくなった現在ならば手に入れることができます。

周囲の人には「年がいもなく」と言われたこともあるかもしれませんが、それで幸せならいいと私は思います。

自分の好きなもので部屋が埋め尽くされている状態は、周囲の人からはばかにされるかもしれませんが、孤独感は失われ、幸福感に満たされているはずです。

趣味を見つけるときは、見栄を張らなくていい

趣味を見つける際に注意したいのが「この趣味が立派だからやろう」「この趣味は人に言えないからやめておこう」などと優劣をつけないこと。

極端な例ですが、「俳句は高尚だけれども、アイドルのライブに行くのはこの歳で恥ずかしい」などと考える必要はありません。私の周囲を見ていると、どうしても60代から新しい趣味を始めるとなると、誰しも「詩吟」や「陶芸」「蕎麦打ち」などの人聞きの良い趣味にしがちですが、これがいけない。

仮に好きなアイドルがいるなら、心ゆくまで追いかけていいのです。自分がドキド

キできる対象を追いかける行動は、大きな刺激になるので、若々しさを取り戻せます。

好きではない趣味をダラダラやっても、生きがいは生まれません。趣味は決して立派なものではなくて、**「自分が本当に楽しめるもの」**を選びましょう。

仮にラーメンの食べ歩きが好きなら、恥ずかしいなどと思わずに、すればいい。

誰かに「おいしいラーメンは？」と尋ねられたら、「この地区ならばこのラーメン屋がおいしい。何より味玉が絶品！」などと回答できる人は、かっこいいと思います。

コツ40　試し続けて新しい刺激を見つけよう

自分の好きなものがすぐに見つかる人は良いですが、すぐには見つからない場合。

そんなときは、**毎日、新しいこと**を試してみましょう。どんなことでも結構です。

なぜ、あえて意識的に新しいことに挑戦してほしいとお伝えするのか。それは、年を重ねるごとに、人間の前頭葉の働きが衰えていくからです。

前頭葉の働きが衰えることで、新しいことにチャレンジしなくなるし、いろんなことに興味が持てなくなってしまいます。それゆえ、新しい趣味を探すならば、本格的に前頭葉が衰える60代より、できれば40代や50代くらいから始めておくと良いと私は考えています。

ただ、60代は、40~50代と違って、仕事や家庭とは多少距離が置けるようになる分、時間はたっぷりあります。**時間をじっくりかけて、自分が好奇心を持てる趣味**を探していきましょう。

たとえば、一日に三軒、喫茶店へ行ってみて、どの店のコーヒーが一番おいしかったかを考えてみる。

いままで歌を歌うのが苦手だった人は、一人カラオケに行ってみる。

読んだことのない本を読んだり、観たことのない映画を観たりしてみる。

異性との触れ合いが少なかった人は、この機会に夜の街にデビューして、スナックやガールズバー、ホストクラブなどへ行ってみるのもいいでしょう。

もしくは、新聞や雑誌を広げてみて、現在やっているイベントや誌面上で紹介されるお店に行ってみるのもお勧めです。

新聞広告などに掲載されている趣味の講座や資格の受験をかたっぱしから試してみれば、その中から一つくらいは自分が好きだと思えるものに出会えるかもしれません。悩む時間や悶々とする時間はもったいないので、試せるものは、できる限り試す。試し続ければ、いつか答えは出ます。**60代からの人生は、「試すこと」の連続**です。

新しい刺激は、意外とそこら中に広がっています。その中から、「これだ！」と思うものが、きっと見つかるはずです。

第5章　やりたい仕事を気楽に楽しむ

コツ41 60代以降は〝自分のため〟に働く

日本の大半の企業で、定年退職は65歳に定められています。

ときには早期リタイアを選び、60歳で仕事を辞める方もいらっしゃるでしょう。

ただ、私としては、体と心の健康を考える上では、「働くこと」は非常に重要だと考えています。もし身体的に無理がないのであれば、**60代になっても働き続けるという選択をしてほしい**と思います。

先にもご紹介した長野県の高齢者就業率と平均寿命の高さを見ても分かるように、「仕事がある」と気持ちも若返るし、何かと外出するようになるため、身体機能の老化も遅らせることができます。

生涯現役とまではいかなくても、働けるうちは働いたほうが、結果的には心身ともに健康でいられるのです。

「いやいや、この年齢になってまで働きたくない！」とおっしゃる方もいるかもしれませんが、60歳以降は若い頃とは「働いてお金を稼ぐこと」の意味が大きく変わってきます。

若い頃は、家族を養うため、家を買うため、車を維持するため……など、「何かのために働いている人」が大半だったはず。

でも、60代になると、子供は自立しているし、家や車のローンも返し終わっているケースも多く、大きな出費はありません。人によっては年金が入るので、その収入さえあれば基本的な生活費は賄うことができます。

だから、60代以降は、自分が稼いだお金は基本的には自分のために使うことができるのです。

海外旅行に行きたければパックツアーを予約すればいいし、自分が好きな食事も食べに行けるし、欲しい洋服があれば買ったっていい。

これまで主婦として働いてきた人であっても、子育てなどがひと段落したのならば、アルバイトでもパートでも何でもよいので働きに出ましょう。そして、自分で稼いだお金を使って、好きなように遊べばいいのです。

もちろん、仕事には大変なこともあるでしょう。でも、「自分で稼いだお金を、楽しいことに使える」と思えば、働くことがこれまで以上にぐっと楽しいものになるのではないでしょうか？

さらに、そのお金を「貯金しよう」と思うからこそ、仕事をつらく感じてしまうかもしれませんが、「働いたお金は自分で使う！」と決めていれば、モチベーションも上がり、体も心も若々しくいられます。

コツ42 「人づて」で仕事を探すのが手っ取り早い

とはいえ、人材市場で評価されるのは若者ばかりで、60代は新たな職場で雇ってもらえないのでは……と心配になる人もいるでしょう。

大丈夫です。60代でも仕事は探せばいくらでもあります。ただ、一般市場では、なかなか60代への募集は見当たらないため、ハローワークなど正規のルートで探すよりは、**人づてで探すほうが仕事は見つかりやすい**でしょう。

60代まで何らかの仕事を続けてきた人ならば、その専門性は、年を重ねても同じように世間からは需要があるはず。その専門性を生かして、周囲の人に声を掛けてみましょう。

たとえば、これまで経理をやってきた方の場合、中小企業などで経理がおらずに困っている会社は山ほどあります。会社の規模が小さくて、社員として雇われるのが難しいのであれば、複数社の経理を委託してもらうこともできるでしょう。

いまは、経理に限らず、営業や人事などを外注する会社も少なくありませんし、マッチングサービスも登場していますので、これらを利用してもいいでしょう。

60代まで生きてきたならば、それなりの人脈があるはずです。

過去の同僚や同級生に「実はいま、仕事を探しているんだ」と折をみて話をしてみれば、いろいろ需要が出てくることもあります。

私が過去に聞いた例では、たまたま同級生へ仕事について相談したら、「いま親が亡くなったから、自分が今度、跡継ぎをすることになった。営業ができる人がいないので、もし良かったら助けてもらえないか」と言われたそうです。

その他にも、会社の規模が前職より小さくなったものの、知人から「たいした給与は払えないけれども、管理職をできる人がいないから会社に来てくれないか」と誘われて、部長になったという人もいます。

人脈を介して得た仕事のほうが、あなたのこれまでのキャリアや専門性を大切にしてくれるので、一般に応募するよりも条件は良くなります。ぜひご自身の専門性を生かして、周囲の人に声を掛けてみてください。

元の会社による再雇用は選択肢としてありか？

その他の選択肢としてあるのが、**以前、働いていた会社に再雇用**してもらう手段です。65歳定年ではありますが、日本の法律では本人が希望すれば70歳まで再雇用してもらうことが可能です。

ただ、その場合は、肩書がなくなったり、給与が減ったり、かつての部下が上司になったり、重要なプロジェクトを任せてもらえなくなったり……といった、自分の意に沿わない出来事も出てくるでしょう。それでも、ある程度はその状況を受け入れる必要があります。

悲しいかな、会社というのはお金を稼ぐ場所です。よほど腕がある人か立派なコネクションがある人でない限り、元の会社に居続けたとしても、同じ条件で雇い続けてもらえる可能性はほとんどありません。

しかし、金銭的なことを考えれば、前に在籍した会社に定年後も再雇用してもらうことが、一番良い待遇で迎えられるはずです。嫌なことがあっても、「我慢代をもらっている」と思えば、多少のことは気にせずに済むのではないでしょうか。

人に感謝される「介護」も狙い目

その他にお勧めは「介護」の仕事です。

介護の仕事の醍醐味《だいごみ》は、何といっても他人から感謝されること。人からの感謝は生きていく上で大きな生きがいになり、高いモチベーションを持って続けることができます。

介護の仕事は厳しい仕事だと言われるので、果たしていまから始められるのか不安になるかもしれませんが、60代はまだまだ体力があるので、常に慢性的な人手不足である介護業界では重宝されます。特に、男性の場合は仮に60代であっても女性の介護士より力があるので、介護現場で大きな戦力になります。そのため、男性の応募は非常に喜ばれるでしょう。

かつては東南アジアからやってきて日本の介護職に従事する人々が大勢いました。しかし、いまは円安傾向が強く、日本に来てもあまり金銭的なメリットがなくなりつつあります。今後、東南アジアの人々が、日本ではなく韓国や台湾などを選ぶ可能性もあるでしょう。そうなれば、介護業界はますます人員不足になるので、60代以上でも雇われる余地は十分にあります。

現場で介護士として3年間くらい実務経験を積んだ後は、ケアマネージャーの資格にチャレンジもできます。ケアマネージャーは年を取ってからも続けられる仕事なので、60代以降のライフプランの選択肢としては悪くないと思います。

コツ43 良い仕事がないときは「場所」を変えよう

いまの場所では**良い仕事が見当たらない場合は、探す「場所」を変えてみることで、需要が生まれる**こともあります。

たとえば、現在、東京などの首都圏では歯医者が余っており、月給30万円前後で働いている人も少なくありません。でも、郊外や地方に行けば、逆に歯医者さんが足りずに困っているため、ビジネスチャンスがあります。

一般企業の会社員の方であっても、人材が不足している地方に行けば、自分と同じシニア世代が活躍していることに驚くはずです。都会より、給与は多少下がったとしても、やりがいのある仕事が見つかるはずです。また、「よく来てくれた」と歓迎されるのではないでしょうか。

世界的にいまは人手不足なので、**思い切って海外に行ってみるのもいい**かもしれません。たとえば、２０２３年現在は円安の影響で、オーストラリアの平均時給は４０

00円ほどもらえます。物価が日本よりかなり高いという事情はありますが、年金ももらっている60代であれば、給与と合わせれば十分、暮らしていけるでしょう。

エンジニア職の人などは高い需要もあると聞きますし、日本人であるというメリットを生かして、日本食レストランの調理師や日本語教師として働くこともできるかもしれません。

もちろん国によってはその国の調理師の資格がないと飲食業に従事できない場合もありますが、これまで専業主婦一本でやってきたという人でも、簡単な和食が作れるだけで雇い手はたくさんいるでしょう。

さらに、以前は言語の壁がありましたが、ポケトークをはじめ、翻訳ツールがたくさん登場しているので、以前よりも言葉のハンデはなくなったように思います。

もし、「良い仕事が見つからないな」と思ったならば、場所を変えて探してみると、大きなチャンスが生まれるかもしれません。

コツ44　60代だからこそ「やりたい仕事」にチャレンジ

60代の方々が仕事探しをする上で、一番にお勧めしたいのは**「憧れていた仕事をすること」**です。

昔から本が好きだったら書店に勤めてもいいし、出版社に電話してみて「何でもやるので何かできる仕事はないか」と聞いてみてもいいでしょう。

お酒が好きな人だったら、バーテンダーになるのも面白いかもしれません。

若い頃であれば、「結婚したら家族を養うために、良い仕事につかなければならない」などと給与面を気にして仕事を選んでいた人も多いでしょうが、60代になったら年金ももらえるのですから、もはやお金についてはそこまで気にしなくても大丈夫です。

たとえば、私は医師の傍ら、ライフワークとして映画監督として映画の撮影をしているのですが、映画製作の現場では、現在、制作進行などを行うアシスタントが激減しています。もし、映画好きで、映画製作に興味がある人であれば、「昔から映画製作の現場で働きたかったのです」と手を挙げてもいいのではないでしょうか。

映画業界に限らず、慢性的な人手不足が起きている業界は、他にも多々あると思います。給与はさほど高くはないかもしれませんが、出費が少ない高齢者であれば、一般的には「割が悪い」と思われている仕事でも「健康を長続きさせる秘訣」だと割り切って、かつて憧れていた業界に飛び込んでもいいと思います。

現代の60代はスマホやパソコンも最低限、使いこなせるので、基本的にはどんな仕事を選んでも、対応はできるはず。ぜひ自分が**「昔からやってみたかった」「面白そうだからやってみたい」と思える仕事**を探しましょう。

なお、これから先、給与を度外視して、面白い仕事に従事したいと希望する60代以上の人は増えていくと思います。

現在、世の中にあるジョブマッチングサイトは基本的には若い人向けのものばかりなので、今後、60代以降の人が面白い仕事とマッチングしてもらえるサービスが登場したら、需要があるはず。そうしたサイトの登場を、私自身も心待ちにしています。

コツ45 嫌な仕事は無理せずすぐに辞めよう

一方で、どんな憧れの仕事であっても、相性というものがあります。

新たに仕事を見つけたとしても、職場の人と合わない、上司が横柄で辞めたい……など**心理的なストレスを感じた場合は、無理せず退職して、次の仕事を探せばいいと**私は思います。

繰り返しになりますが、これからの人生は「やりたい放題」でいいのです。だから、自分が嫌だと思ったことがあれば、どんどん距離を取りましょう。

日本人は責任感が強いので、つい「一度、自分が始めたことだから、最後までやらなければならない」と考えがちですが、気にする必要はありません。それよりは、残りの人生を、いかに自分にとって楽しい時間に変えられるかを重要視していきましょう。

仕事においても同じこと。すでに本章でも述べたように、若い頃と60代とでは、お金を稼ぐ意味合いが変わります。

仮に三日で辞めたとしても、お金と待遇を気にしなければ、次の仕事は見つかります。

余談ですが、「年配の人が職場にいると、下の世代の人たちが気を使って困る」「いつまでも高齢者が現場にいると、若い人たちに偉そうな態度を取る」などとやゆする人々もいますが、私が知る限りは大半のシニア世代の方々は非常に謙虚です。与えられた仕事が給与や社会的な地位が低い仕事であっても、一生懸命、仕事に取り組みます。若い世代の邪魔をする「老害」になり得るのは、本当に一握りの経営者や政治家だけではないでしょうか。このように一部の現象を取り上げて、全高齢者を悪者扱いする風潮には大きく疑問があります。

みなさんも、**「若い人の邪魔になる」などという考えは捨てて、どんどんご自身の幸せのために行動**してください。

生活保護は決して恥ずかしくない

どうしても相性の良い仕事が見つからない場合は、仕事は忘れて趣味に生きる日々を送ったっていいのです。

多くの人はそれでも年金で生きていけるでしょうし、「仕事による収入がないと生きていけない」という人であっても、最悪の場合、生活保護を申請することだってできます。

「生活保護を使うのは恥ずかしい」などと思う必要はありません。生活保護費は、あなたがこれまで支払ってきた税金から支払われるものです。日本人は「自分が払った税金を取り戻す」という感覚が非常に薄く、国に多大な税金を払ってもそれは当然のことだと思い過ぎています。

北欧なども税金が高い国として知られていますが、その分、福祉が充実しており、きちんとセーフティネットが張り巡らされています。だから、みんなが納得して税金を払っています。

日本人もこの姿勢を見習って、「いざとなったら国に頼るのは悪いことじゃないのだ」と考えることで、心の安全を担保してほしいのです。

私自身、数年前に仕事の収入が激減した際も、「もし資金繰りがどうにもならなかったら自己破産すればいい。最悪、生活保護があるじゃないか」と思っていたことが、精神的な支えになっていました。

なお、セーフティネットというものは、年を取れば取るほどに、手厚くなっていきます。「万が一の場合はセーフティネットがあるのだから」と頭に刻んでおきながら、安心して「やりたい放題」してください。

コツ46 最後のチャンスに起業してみては？

「起業」をするなら、60代は最後のチャンスです。

70代以降は徐々に前頭葉の機能も落ちるし、体力も落ち、フットワークも重くなります。ただ、60代ならまだまだ心も体も現役世代と同じようなもの。

60代になって時間的に余裕ができて、いろんな仕事や趣味を始めるうちに、「これをやったら流行るかも！」「実用化したら人気が出そうだ」というアイデアが見つかるかもしれません。

特に、**自分と同じ年代にターゲットを絞ったアイデアやサービス**は、今後の超高齢社会では大きく需要があるはずです。

案外、「こんなサービスがあったらいいな」「こんなものが欲しいな」と思っても、それをビジネスとして実現する人は非常に少ない。

いま世の中にあるシニア向けの商品は、たいていがその世代よりも若い人が考えています。だからこそ、60代以降が本当に欲しがっているのに、世の中にはまだ流通していないものがたくさんあるはず。埋もれているビジネスチャンスを、あなた自身が狙ってみてもいいのではないでしょうか。

アイデアやビジネスモデルは、必ずしもゼロから探す必要はありません。ときには、自分が「良い」と思ったものを世間に広めるだけでもいいのです。

「自分があったらいいな」と思うものは、世の中の人にとっても需要がある可能性は極めて高いものです。

たとえば、海外旅行へ行った人が、日本にはまだ上陸していない安くておいしいファストフードを見つけたとします。そのファストフードを日本で売り始めるだけでも、十分、ビジネスとして成立します。キッチンカーから始めれば、最初はライトバン一つあれば良いので、意外とコストもかからずスタートできるはずです。

第6章　お金を使いまくって幸せに

コツ47 お金をバンバン使って幸せに

長年、老年医学に携わり、多くの患者さんが死ぬ前に後悔していたことがあります。その一つが「お金をもっと使っておけば良かった」という後悔です。

将来が不安だから……と、お金をどんどんため込んでいたものの、気が付けば自分も年を取り、体の自由も利かなくなっている。

もはや海外旅行にも行けないし、美食を楽しめるほどの胃袋も気力もない。

おしゃれをしても出かける場所がない。

会いたかった人もすでに他界してしまい、会うべき人もいない。

つまり、あまりに年齢を重ね過ぎると、お金を使って楽しむことができなくなってしまいます。だからこそ、体も心も現役に近くて元気な上、時間や経済的にも若い頃より余裕がある60代のうちに、**お金をどんどん使って人生を楽しむべき**だと私は思います。

60代になれば、大半の方には年金が支給されます。国家が破綻しない限り、年金は支給され続けます。もちろん50年後の日本でまだ年金制度が存続しているかは分かりませんが、少なくとも、いまの60代が生きている限りは、間違いなく年金は支払われ続けるでしょう。だったら、無理してお金をため込む必要はないのです。

さて、あなたが、いま一番やりたいことは何でしょうか?

「世界の秘境に行ってみたい」

「新たにギターを習ってみたい」

「友達を集めておいしいものを食べに行きたい」

などなど、どんな夢でも結構です。お金はためることより、使うことで幸せになれる存在です。「これをやりたい」「あれをやりたい」と思う気持ちを、ぜひ実現させてください。

資本主義社会で幸せなのは「お金をたくさん使う人」

勘違いされている人が多いのですが、資本主義社会において、「お金をより多く持っている人」が幸せになれるわけではありません。それよりも「お金をより多く使った人」のほうが幸せになれます。

さらに、自分の楽しみにお金を使うことで、そのワクワク感から前頭葉も活性化し、老いを遅らせることにもつながります。

また、お金を使って富を周囲に循環させ、自分も他人も喜ばせることができた人は、他人から好かれます。

たとえば、大邸宅に住んでいて大金持ちなのに、孫にお年玉を2000円しかあげないおばあさんと、貧乏な長屋に住んでいるけれども孫へのお年玉には2万円くれるおばあさんだったら、間違いなく後者のほうが「お金がない中、こんなにたくさんくれるなんて、自分のことをかわいがってくれるのだな」と孫には慕われます。

お金を持っているか、持っていないかは、生まれ落ちた環境やついた職業などによって違います。ただ、ケチかケチではないかは気持ちの問題なので、変えようと思えば変えられます。

みなさんにはぜひ「お金をたくさん持っていて自己満足している人」ではなく**「お金をたくさん使って周囲を幸せにする人」**を目指して、幸せな人生を歩んでほしいと思います。

コツ48 高齢者は「若い人の邪魔」にはならない

先ほどもお伝えしましたが、最近、「若い人の邪魔をしてはいけないのではないか」と、控えめに生きているシニア世代の方があまりにも多い。これは由々《ゆゆ》しき事態です。

いまの時代、年齢というものはあまり関係ありません。「若者だから」「年寄りだから」という価値観の違いは、以前ほど大きな差を生まないからです。

たとえば、福山雅治《ふくやままさはる》さんや桑田佳祐《くわたけいすけ》さん、松任谷由実《まつとうやゆみ》さんのコンサートに行ってみると、親子がコンサート（場合によっては孫と祖父母というケースも！）に一緒に来ている光景もよく見かけます。

一昔前であれば、親と子供が同じコンサートに行くようなことはほとんどありませんでした。たとえば、私の世代の場合は、私たち子供世代はビートルズのコンサートに行きたいと言ったなら、親世代は東海林太郎《しょうじたろう》のコンサートに行きたいと言う。つまり、若者文化と年寄り文化には大きな隔絶があったのです。

しかし、いまは親子で同じコンサートに行くなんてことは、ザラにあります。そう考えると、年配たちが思っている以上に若い人たちとの感覚は近い。だから、**60代以上が若者の邪魔にはならない**ということを、心に刻んでほしいと思います。

60代は下の世代に「ぜいたく」を教えてあげよう

むしろ、いまの50代よりも上の世代は、バブルを経験している分、若い世代よりも確実にぜいたくを知っています。祖父母や両親が連れて行く和食屋やフレンチの店のほうが、子供世代が友達と行く店よりもずっとおいしいしぜいたくだったりすることが多々あります。

たとえば、60代が自分の子供や孫に「ちょっとお寿司でも食べに行こう」と言って連れて行った場合、普段、彼らが食べているお寿司屋さんよりも、ずっとランクの高い良いお店であることも多いのではないでしょうか。

自分だけでは体験できないような良い体験をさせてくれる高齢者を、決して若者世代は「邪魔だ」とは思わないでしょう。

特にいま60代くらいの人は、バブル時代の豊かな時代を知っているため、若い頃にかなりぜいたくな経験をしていたはずです。

「このままではお金を残して死んでしまうかもしれない」と思うのであれば、使えるうちに使っておいたほうがいいと私は思います。長生きできるし、何より人生を楽しむことができますから。

コツ49 月一度のぜいたくで人生を豊かに

日頃は質素倹約を心掛けている人でも、**月に一度はぜいたく**をしてください。たまにはぜいたくしないと、人間はどんどん気持ちがしぼんでしまいます。高いご飯を食べたり、映画を観に行ったり、温泉に入りに行ったりと、何らかのぜいたくをするだけで、心が豊かになります。

そして、経験が人生を支えてくれることもあります。事実、施設にいるお年寄りを見ていても、「昔はこんなすごいことをした」「こんな特別な経験をした」などと過去の経験を話すとき、顔がキラキラと輝いています。

私自身、「経験」に支えられたことは多々あります。

たとえば、私はワインが大好きなので、何かの仕事を頑張ったときは、良いワインを飲むことがあります。お金がかかることもありますが、それでも、ワインを飲むときは至福の時間です。

ただ、そんな私でしたが、2020年のコロナ禍に、いきなり貧乏になりました。代表を務める通信教育の会社のお客さんが激減するし、講演などのお仕事もどんどんなくなり、なんと毎月のローンが払えない状態に。そのせいで、借金もつくりました。もちろんワインを飲んでいる余裕などありませんし、何とか資金をつくるため、「いつか大事なときに飲もう」と思って大切にしていたワインを手放したりもしました。

でも、このときに「あぁ、高いワインを買ってぜいたくしなければ良かった」と思ったかというと、決してそんなことはありません。

「おいしいワインを飲む」という経験に投資できただけで、十分に満足できましたし、このまま貧乏になったとしてもあのときの経験を大切にして生きていけるとすら思ったのです。

結果的には、コロナ禍が終わって経済が回復するにつれて、なんとか持ち直すことができましたが、この経験からも**「ぜいたくをして楽しんだ記憶は、自分を支える一生の財産になる」**と痛感しました。

もし寝たきりになって、ベッドから起きられない人生になったとしても、人生の中にキラキラ光る体験を積み重ねていた人ならば、「あのときは楽しかった」「実は自分の人生にはこんなことがあった」と振り返る日々は、案外、悪いものではないのではないでしょうか。

みなさんも、ぜひ最低でも月に一回ほど、ぜいたくな経験をしてください。そのときの記憶が、その後の人生を支える大きな糧となるはずです。

コツ50 親の財産は当てにせず親子円満

60代くらいになると、親御さんを亡くされる方も増えてきます。その際に問題になるのが、「**遺産相続**」です。相続では、どんなに仲の良い家族でも、誰が何をもらうのか、揉めることが大半です。

推測ではありますが、80代、90代で親が亡くなったとき、子供は60代前後です。定年退職も控え、老後不安を抱えている中、受け継げる財産は少しでも多く欲しいという気持ちが、前面に出てしまうからなのでしょう。

ただ、**親の財産は当てにしないほうが円満な人生を送れる**ように私は思います。

以前、高齢者施設で出会った女性の患者さんの中には、こんな方もいらっしゃいました。

その方はすでに夫とは死別していましたが、ご自身名義の不動産を持っており、介護に困ったらこの不動産を売って有料老人ホームに移れば良いだろうと考えていたそうです。しかし、いざご自身に介護が必要な段階になっても、子供たちはなかなか有料老人ホームに入れたがらないのです。

そして、親である患者さんが困って私に相談してきたので、私はお子さんに「なぜお母様を老人ホームに入れないのですか？」と質問してみました。

すると、そのお子さんはこう答えました。「先生はご存じないんですか？　有料老人ホームは10年償還ですから、今後10年間、母が生きた場合は１円も返ってこないんです。それはもったいなくないですか？」と。

私としては、「不動産はあなたのものではないし、親が頑張って稼いで建てたのだから、好きなように使わせてあげてください」と言ってやりたくなりましたが、こんなお子さんは決して少数ではありません。

本来であれば、子供は親には「お金を使って、残りの人生をもっと楽しんでください」と言うぐらいがちょうど良いのです。

自分に残る財産がいくらあるかということを計算し始めると、親の行動がいちいち気になって、口をはさみたくなってしまう。そんな親子関係は、双方にとってつらいものです。

私は、常日頃から公言していますが、相続税は１００％でいいと思っています。そうなれば、年配になればなるほどにお金をどんどん使うようになるので、日本経済も円滑に回るはずです。

コツ51 子供に遺産を遺す必要はない

親の財産を当てにしない代わりに、あなた自身が子供に財産を残す必要もありません。

私が60代の患者さんによくアドバイスする言葉があります。

それは、「ご自身の資産は、生きている間に自分のために使いきってください」という言葉です。

先祖代々の土地をはじめ、代々受け継いできた資産は別かもしれませんが、ご自身で稼いできたお金であれば、それは後の世代に資産として残す必要はありません。

なぜなら子供にお金を残すと、財産トラブルになることが多いからです。

私自身がこれまで見てきた高齢の患者さんの親族の人間関係トラブルは、ほぼ大半が相続についてです。お子さんが一人だけならばいいのですが、複数人いる場合は、少額であってもケンカが発生しがちです。

お金ならまだ均等に分けることができますが、不動産の場合は、なかなか分けることも難しいのです。仮に法律の規定どおりに均等に兄弟間で分けられたとしても、何らかの不満は発生します。

「これまで私が介護を担当してきたのに、どうして他の人と同じ金額なのか」

「親から、兄ばかりかわいがられていて、いつも良い思いをしていたのだから、もっと遺産は減らしてもいいんじゃないか」

「うちの子供よりも、姉の子供のほうが学費の支援をしてもらっていた金額が大きい。あのときの学費分を、私の遺産の取り分に加えてほしい」

など、兄弟姉妹間でこれまでたまっていた恨み、つらみが、相続をきっかけに噴出して、仲がこじれてしまうのです。

仮に親族同士では話がまとまっていても、そこにお互いの配偶者が入ってくると、余計に事態は悪化します。実際、相続をきっかけに絶縁したという兄弟姉妹は珍しくありません。

こんな様子を目の当たりにしてきたこともあり、私自身も、子供に財産を残す気はありません。実際、同じように考える人は多いようで、世界一の投資家と言われるウォーレン・バフェットやマイクロソフトのビル・ゲイツ、アマゾンのジェフ・ベゾスなど、世界のお金持ちたちも、「子供には必要以上の財産を残さない」と明言しています。

子供や孫には生きている間にどんどんお金を使おう

親が子供に財産を残すと伝えると、子供は自分のもらえる財産が減らないように、親がお金を使うことを嫌がるようになります。

すると、親が旅行に行こうとしたら「危ないから駄目」と制約をかけたり、高いお店で外食しようとすると「体に悪い」と止めたりするため、親側が窮屈な思いを強いられることもあります。

それより子供には、「自分の稼いだ財産は残さない」とはっきり事前に伝えておいて、**子供や孫から「何か欲しいものがある」と相談を受けた際、自分がお金を出したいと思うものであればお金を出す**くらいの関係性のほうがちょうど良いでしょう。また、事前に伝えておくことで、子供は余計な期待を持たず、親の財産を当てにせずに済むし、親も最期まで自由な人生を楽しむことができるはずです。

一方で、生きているうちに子供や孫にお金を使うことは、私は悪いことではないと思います。繰り返しになりますが、現代は資本主義社会です。誰かのためにお金を使うことは、その人から感謝されることにもつながります。事実、子供や孫のためにお金を使えば、相手にも「自分のことをかわいがってくれているんだな」「大切にしてくれているのだな」と伝わります。

生きているうちに大切な存在にお金を使うことで、自分自身も優しい気持ちになれるし、子供や孫たちにも感謝されるでしょう。自分の財産を生前に使うか、死後に残すかの違いだけで、家族との関係性は大きく変わります。前者を選んで、みんなに感謝される機会を増やすほうが、残りの人生はもっともっと楽しくなるはずです。

コツ52 老後資金は「夫婦二人で1400万円」が目安

老後のお金の問題と言えば、みなさまの印象として残っているのが「**老後2000万円問題**」でしょう。

ただ、この「2000万円」という数字について、あまり気にする必要はありません。なぜなら、この数字は、2017年の高齢夫婦無職世帯の平均収入から、平均支出を差し引くと、毎月5・5万円分赤字になるため、毎月の赤字を30年間分として、総額2000万円が足りなくなるという計算を元に、導きだされた平均値に過ぎません。

どこに住み、どんなライフスタイルを送るかによって、生活費は違います。だから、あやふやな「2000万円」という数字に心を乱す必要はありません。

先にも述べましたが、人間は年を取ると、お金が若い頃ほど必要ではなくなります。だから、年金が支払われている人であれば、十分にそれで生活できます。

とはいえ、「老後資金が足りなくなったら怖い」という方もいるはずです。

そこで参考になるのが、以前、経済ジャーナリストの荻原博子《おぎわらひろこ》さんと対談した際に教えていただいた、「実際に介護を経験した人がかかった費用は、一人平均600万円」という数値です。

医療費にしても、日本には高額療養費制度があるため、仮に高額な医療を受けてもさほどお金がかからないので、費用として200万円ほど見ておけば良いとのこと。

つまり、介護費用二人分で1200万円と医療費200万円分。夫婦で合計しても1400万円あれば、最低限の介護・医療用の蓄えとしては十分だそうです。さらに、家を売るなりリバースモーゲージなどを使えば貯金はそれ以下でもいいことになります。

私自身は「最悪、生活保護というセーフティネットがあるのだから、貯蓄はしなくても大丈夫」と思っていますが、仮に「老後が心配」という方は、この数字を一つの目安にしてみてはどうでしょうか。

将来を不安に思ってお金をため込んでも、一番楽しめるタイミングに使わないのはもったいない。体が動かなくなってから、「あれに使えば良かった」「こんなことをしてみたかった」と思っても遅いのです。

人間はいつ亡くなるか分かりません。何歳まで生きるか分からないからこそ、不安に駆られてお金をため込んでしまう。でも、お金はあの世には持っていけません。先のことは心配し過ぎず、幸福感を高めることを優先してほしいと思います。

第7章　他人を気にせず自分の人生を生きる！

コツ53 夫婦だからといつも一緒にいる必要はない

定年後は、「**夫婦の在り方**」にも変化が必要です。

会社という居場所がなくなると、家の中で夫婦がともに過ごす時間が、どうしても増えていきます。そうなると、配偶者との関係性が良くない場合、その間ずっと不機嫌な気持ちで過ごさなければなりません。これは、脳にとっても体にとっても悪影響です。

特に、妻の視点からすれば、これまでは朝と夜しか一緒にいなかった夫とずっと一緒に過ごすことになり、息が詰まってしまいます。

気を付けたいのが、夫が妻に過剰に依存しているパターンです。

それまで会社員だった夫の場合、食事の支度から掃除洗濯などの家事を妻にすべて押し付けるのが当たり前だと思っている人も少なくありません。ただ、妻だって、たまには友達とのランチや趣味の会合などへ出かけたいのに、夫が家にいるからなかなか外に出づらくなってしまう。そんなストレスが積もり積もって、妻がうつ病になったり、揚げ句の果てには熟年離婚へと発展してしまったりするのです。

これを防ぐためには、どんなに仲の良い夫婦であっても、**距離感を大切**にするべきなのです。たとえば、一人が家にいるなら、一人は外出するなど、物理的に一緒にいる時間を減らすのも効果的。もちろん、二人ともどこか別々の場所に出かけるのもいいでしょう。

外食や旅行なども、無理に夫婦二人で行く必要はありません。夫も妻も、自分が行きたい場所に行きたい人と一緒に行くようにすればいいのです。

夫と妻が別々に過ごしたからといって、仲が悪くなるわけではありません。適度に自分一人の時間や、配偶者以外の人と交流することで、気も紛れるし、相手を「一人の人間」だと認識して、もっと優しくなれるはずです。

コツ54 親や子供に振り回されないことが大事

現在の60代は、親もまだ存命で、子供が大人になって一人前になり始める頃だと思います。家族が多いのは幸せなことかもしれませんが、親と子の間に挟まれて、何かと頼られがちな年代でもあります。

私は高齢者施設で数多くの家族関係を見てきましたが、60代前後になると、親や子供に振り回され、自分の人生を送ることができていない人が多くなってしまいます。

たとえば、定年退職を迎えた夫婦が、以前から夫婦の夢であった田舎への移住を考えたとします。「どんな家に住もうか」「田舎に行ったら何をしようか」とワクワクと計画を練っていたとしても、親からの「親を見捨てて、遠くへ行くのか。自分の身に何かあったときに近くにいてほしいから、遠くへ行かないでくれ」という言葉や、子供からの「孫の世話を手伝ってほしいから、遠くへ行かないでほしい」という言葉で、計画を諦めることもあります。

家族の言葉は、重く受け止め過ぎる必要はありません。大切なのは、自分の意志です。たしかに血を分けた親や子供の存在は、誰にとっても大切なものでしょう。ただ、親や子供と自分は、あくまで別の人間です。

いかに親の言うことであってもすべてを受け入れる必要はないですし、子供を過度に甘やかしたり、心配したりする必要はありません。

介護にしても、自分で親の介護を行うと、親もわがままを言いやすく、子供に無理な負担を強いるので、家族の間に摩擦が生まれやすいです。こちらはプロに任せて、自分はたまに様子を見る程度のほうが、家庭内は平和なことも多いです。

ときには、親の面倒を見るために介護離職する人もいますが、自分の体が元気なうちは仕事をして社会とコミュニケーションを取り続ける意識を持ったほうが精神的にはプラスになるので、離職するよりは、こちらも専門家を頼って実際の介護はお任せしたほうが良いと私は思います。

子供が出産し、孫が生まれた場合は、孫育てを頼まれることもあります。かわいい孫のためには何かしてやりたいと思うでしょうが、すべてに対応していては、自分の人生を楽しめません。自分の用事があるときや、何かやりたいことがあるときは、孫育てよりもそちらを優先すべきでしょう。

自分の人生は自分のものです。親や子供の発言に振り回されて、人生でやりたかったことを諦めた場合、後から「あのとき、親があんなこと言わなければ……」「あのとき、子供がこう頼んできたせいで……」と必ず後悔が生まれ、場合によっては親や子供に恨みを抱くこともあるかもしれません。

人間関係の中でも、こじれると一番大変なのが、関係性を簡単には切ることができない家族との関係です。

後悔のない人生を送るためにも、お互い過度に干渉し合わないで、関わりを持ち過ぎないことが、家族と末永く良い関係を保ち続ける手段なのです。

コツ55 人間関係で「勝ち負け」を気にしない

60歳からは、〝やりたい放題〟の人生が始まる。

そんなふうに私が思うのは、60歳以降は「他人と比較する生き方」をしても、あまり意味がないからです。

私たち日本人は、本当に小さい頃から成績や受験、入社試験や出世などの競争にさらされてきました。だから、無意識のうちに、何事も勝ち負けで考える習慣がついています。

ただ、60歳になったらもう**「勝ち負け」の感覚は捨てて、「比べない人生」を意識**してほしいと思います。

本書でも何度かお伝えしましたが、60歳以降の人生は同じ年齢であっても、大きく個人差が出てきます。

前までは同じような人生を歩んでいた同級生であっても、60代になってお互いの健康状態だけを比較してみても、元気に現役時代と同じように働いている人もいれば、病気を患っている人、けがをして外出が思うようにできない人、中にはすでにこの世を去ってしまった人もいるかもしれません。

人によっては仕事で成功し、資産もたくさん蓄え、家族もつくったけれども、病気になって余命があと数年しかないという人もいます。一方、独身のまま生きてきて、家族がいないけれども、体は健康で一人の人生を謳歌している人もいます。

両者を見て「どちらが勝っているか」は、一概には言えません。つまり、人によって状況が大きく異なる中、「勝ち負け」を気にしても意味がないのです。

あの大谷翔平選手を批判する「勝ち負けを気にし過ぎる人」

「勝ち負け」を気にする人が不幸なのは、どんな人にも何らかの悪い感情を抱いてしまう点です。

たとえば、アメリカ・メジャーリーグで大活躍している大谷《おおたに》翔平《しょうへい》選手を例に挙げてみましょう。彼はエンゼルスのピッチャーとしてもバッターとしても高い成績を誇るスーパースターです。

実力のみならず、努力家かつ謙虚なその人柄の素晴らしさは、多くのメディアを通じて伝わってきます。まさに誰もが認める規格外のヒーローでしょう。

ただ、誰からも愛され、尊敬されるそんな大谷選手に対しても「彼の成績はすごいが、幸運にも立派な体に恵まれただけだ」「どうせ彼は野球のことしか知らない野球ばかだ」などと、悪口を言う人もいます。

大谷選手のような素晴らしい人に対しても悪口を言う人は、おそらく人生の勝ち負けから離れられない人なのだと思います。そうなれば、どんな人を目の前にしても批判しか出てきません。

学歴が高い人を見たら、「あの人は偉そうにしている」。

お金持ちの人を見たら、「あの人は悪いことをしてお金を儲けているはずだ」。

いつでも友達に囲まれている人を見たら、「あの人は八方美人だから嫌だ」。

何を見ても自分と比べてしまい、「負けている」と思ったら、何かしらの理由をつけてケチをつけたくて仕方がない。

ただ、こうした人は、当然周囲からは当然、嫌われます。若い頃ならまだ「まぁ、若いから仕方ない」と許されたかもしれませんが、60代で同じことをやっていたらあきれられるのは当然です。

さらに、次から次へと優れた人が現れるたびに、常に劣等感にさいなまれるので、精神的にもつらいものがあります。

ならばいっそ、**すべての勝ち負けを捨てて、「この人はここがすごい」と素直に受け入れてみて**はどうでしょうか。批判をやめてみるだけで、その先の人生はぐっと生きやすくなるはずです。

肩書を気にしないことが「比べない人生」の大前提

「比べない人生」を送る上で、かなり重要なポイントだと思うのは「**肩書をいかに気にしないでいられるか**」です。

60代までの人生は、会社組織の癖が抜けず、肩書にとらわれた生き方をする人が多いです。

「課長よりも部長のほうが偉い」「小さな会社よりも、世間的に名前の通った有名な会社で働いているほうが偉い」など、どうしても肩書を持ち出して、他人と自分を比べ、評価してしまいます。

しかし、60代になれば、みんな一緒です。仮に出世競争に勝った人であっても、役職定年を迎えるので大半の人は会社に残れません。私たちのような医者も、仮に有名大学の医学部教授になれたとしても、65歳になって定年を迎えるとその座はなくなります。中には、それでも肩書を諦めきれず、会社を離れた後、知り合いの会社などに頼んで「相談役」や「顧問」、「名誉教授」などという役職をもらい、自分で作った名刺に書きたがる人もいます。

ただ、肩書に固執すると、いつまでたっても「勝ち負け」の思想からは離れられません。

嫌われる60代にならないためにも、「勝ち負け」や「他人との比較」とはきっぱり決別してください。

コツ56 人は人。自分は自分。他人の意見を受け入れよう

60歳くらいまで生きていれば、自分のポリシーや曲げられない意見も出てくるでしょう。でも、仮に「この人の意見は受け入れられないな」「この発言は納得できないな」と思うものに出合っても、一度は受け入れる癖をつけてほしいと思います。

なぜなら、「自分とは合わないから」といって、他人の意見を拒絶してしまうと、そこで議論は終わってしまうからです。

むしろ「あなたの言うことも一理あるけれども、私の意見も完全に間違いとは言えませんよね？」という対応も取ることができます。そうなると、ケンカをしなくて済むし、いろんな意見が受け入れられるようになります。

何事も勝ち負けで考えず、素直に他人の意見を受け入れられるようになると、自然と物事の見方が変わっていきます。

私は小さいとき、祖母に非常にかわいがられて育ったので、大変なおばあちゃんっ子でした。それゆえ、幼少期に祖母に言われた言葉は、実生活の中にも染みついています。

関西人の祖母によく言われていたのが、「頭を下げるのはタダや」という言葉です。実はこの言葉が非常に役立っていると感じます。もちろん誰にでも頭を下げろという意味ではありませんし、むやみに敵をつくる必要もありません。

ただ、一つ大切なのが、「こちらが絶対的に正しい」という思い込みを持たないことです。仮にこちらが正しくて相手の言い分が間違っていると思っていても、あちら側にも何らかの言い分はあるはずです。

全部が全部、自分が正しいと考えてしまうと、愛されるお年寄りには近づけません。勝ち負けで考えるのではなく、「こういう考えもあるのか」「こういう人とは意見は合わないけれども、考えを知っておくことは今後の参考になるかもしれない」と思う意識も大切になってくるでしょう。

「これが正しい」という概念にとらわれず、柔軟な思考を意識してほしいと思います。

コツ57 「偉い人になりたい」と思わなくていい

私もある時期から、あまり「偉い人になりたい」と思わなくなりました。そうすると、人生がものすごく楽になり、人生に対して妙に意気込まなくて済むようになったように思います。

私が偉くならなくても良いと思った理由は、高齢者医療の現場でたくさんのお年寄りを見てきたからでしょう。

偉い人になるためには、いろんなことを犠牲にしなければなりません。いろんなかたちで自分の時間や感情を捨てないといけないシーンも多いです。にもかかわらず、一度、偉い人になったからといって、ずっとそのステータスを保てるわけではありません。

また、どんなに偉い人であっても年を取ったらほとんどの人が認知症になるし、誰しも体に何かしらの支障をきたします。

では、現役時代に偉い人が、必ずしも幸せな老後を過ごすかといったら、決してそんなことはありませんでした。

言葉は悪いかもしれませんが、「仮に偉くなっても、たかがしれている」と思ったのです。

幸せなのは「偉いお年寄り」ではなく「愛されるお年寄り」

私自身、かつて「偉い人」であった数々のお年寄りを見てきましたが、そうした人々には二つのパターンがありました。

一つは、かつては偉かったけれども、悪いことやずるいことばかりやってきたせいか、全く人望がなく、老後も人から嫌われてばかりのお年寄りです。

もう一つは、元々の器が大きく、いくつになっても周囲の人から慕われているお年寄りです。

事実、年を取ってからこそ、人間の器というものが浮かび上がります。年を取っても周囲に慕われる方は、その人自身が魅力的であることが必須条件です。

たとえば、99歳で亡くなられた作家の瀬戸内寂聴さんは、まさに年を重ねてからも数々の老若男女から好かれる方でした。

私の敬愛する養老孟司先生も、若い頃からとても魅力的な方でした。養老先生は40代という異例の若さで東京大学医学部の教授になられているのですが、他の人に頭を下げたり、迎合したりして偉くなったわけではないので、下の人にもえばらない。だから、年を重ねてもずっと人気があります。

私自身は、自分が器の大きな人間ではないことを、よく自覚しています。

だからこそ、私は、「自分のようなたいした器ではない人間が偉くなろうとしたら、必ず何かしら悪いことや自分自身をすり減らすようなことをしなければならないだろう。それはろくでもない人生になりそうだ」と思い、偉くなることは諦めました。

本当の大人物は、勝ち負けのことなど考えません。

先に例に挙げた養老先生にしても、勝ち負けなど意識されている様子は全くありません。他人との勝ち負けを考えている時点で、自分はもう負けているのです。

私は養老先生のような魅力はありませんし、かといってずるい手段を使おうとも思わないので、きっと一生、このまま偉くはならないと思います。

ただ、自分の小さな器を自覚し、ずるをしない人生を歩むのは、多くの人に後ろ指をさされて偉くなったダメ人間の人生よりも、ずっと良いものだという自負があります。

コツ58 「かくあるべし」という思考を手放そう

昨今、マスコミなどを通じて「キレる高齢者」などという言葉がささやかれることがあります。

たしかに年齢を重ねると、前頭葉の機能が低下して、以前より感情のコントロールがうまくいかなくなる傾向があります。それゆえ、「役場の職員の対応が悪い」「店員が水を出すタイミングが遅い」などちょっとしたことで、イライラして声を荒げてしまうことがあるのです。

ここまで読んでみて、

「そういえば、最近、怒りっぽくなってきたな」

「些細なことでイライラするようになってきたかもしれない」

と思い当たる方もいるのではないでしょうか。

ただ、数多くの高齢者を診察してみて思うのは、世間で言われるところの「キレる老人」の多くは、普段の生活では常識的な人が案外多いものです。日頃から周囲に当たり散らしているわけでなく、誰かに悪意を持って嫌がらせをするような「いじわるばあさん」「いじわるじいさん」ではありません。

では、なぜ怒りを感じてしまうのか。それは、常識的で真面目な人であればあるほどに「人とはかくあるべし」という思考が強くなってしまうからです。

「かくあるべし」思考が強くなると、どうしても他人にも「こうあってほしい」という気持ちが強くなります。

たとえば、「店員は即座に接客に応対するべきである」と思っているからこそ、店員の態度が悪かったり、作業が遅かったりすると、ついイラッとしてしまう。

役所の職員にしても「税金から給与が出ているのだから、市民にきちんとしたサービスを徹底するべきだ」という気持ちが強くなるので、いつまでも待たされたりすると、「サービスの質が悪いのではないか」と感じてカッとなってしまいます。

つまり、自分自身がきちんとした人だからこそ、適当な人間やルールを守らない人間を見ると、つい腹が立ってしまうのです。

だから、妙にイライラして、人との摩擦が増えたとしても、それはあなた自身が「きちんとした人」である証拠なのです。

「かくあるべし」という思考は長い人生の中で徐々につくられていきます。若い頃はそのしっかりとした自分を律する強い姿勢が仕事や家庭で生かされたと思うのですが、**年を重ねてからの「かくあるべし」思考は周囲との摩擦の原因**になりかねません。

もし「自分は少し怒りっぽいタイプかもしれない」「他人に厳しい傾向がある」と感じる人は、いまからでも遅くはないので、何事も「ほどほど」という思考を身に付けてください。

コツ59 「適当な日」を週に一度つくる

もし「適当に生きること」に慣れていない人は、**「この日は日頃のルールを破ってみる日」を週に一日設けて**みてもいいかもしれません。

たとえば、あなたが毎日、健康を気遣うあまり、甘いものが大好きなのに、周囲からは「血糖値が高いから甘いものを食べてはいけない」「体重が増えているから、おやつは控えたほうがいい」と言われ、節制した食生活を送っているとします。

でも、何も楽しみのない毎日で、食べるものまで我慢していたら疲れてしまいますし、その積み重ねがあると、自分にも他人にも厳しいお年寄りになってしまうかもしれません。

何も毎日、好きなだけ甘いものを食べろとは言いませんが、ときには自分のルールを外して、好きなものを思う存分食べる日をつくるのも大切なことです。

その他、朝起きる時間をいつもより遅くしてもいいし、食べるものも健康やダイエットのことなどは考えず、自分の好きなものだけを食べてみてもいい。予定を決めずに、適当に外出してみるのもいいでしょう。

ぜひ週に一回、月に数回でもいいので、「適当な日」をつくって、自分の張りつめた気持ちを解放させてください。自分にも他人にも優しい人間になれるはずです。

コツ60 大きな一つの喜びより、小さなたくさんの喜び

60代くらいになると、次第に知り合いと呼べる人は減っていきます。ときには、大切な人との別れを経て、孤独感に陥ることもあるでしょう。

大切な人を失ったときは、悲しむしかありません。ですが、「悲しみ過ぎる」と、それが命取りになることもあります。

かつて私が親族から相談を受けた大会社の社長さんがいらっしゃいました。その方はずっとお元気でいらしたのですが、親友が亡くなった途端にうつ病になり、その後、パーキンソン病を患い、最期まで以前の元気を取り戻すことはありませんでした。

何にショックを受けるかは、人によって違います。

ただ、「自分は不幸だ」と思って一度、落ち込んでしまうと、その先には余計に大きな不幸が待っています。

大切な人を失ったとき、何か受け入れられないような不幸な出来事が起こったとき、「もう駄目だ」と落ち込んでしまう気持ちは分かります。ただ、落ち込むことで余計、自分が苦しくなってしまう。ならば、どこかで思い切りをつけて、別の楽しいことを考えるほうがいいのです。

私の個人的な意見ですが、**大きな幸せを一個持っているよりも、小さな幸せをたくさん持っている人のほうが落ち込みは少ない**ように思います。何か落ち込むようなことがあっても、この先の人生には数々の小さな幸せが自分を待っている。そう思うと、自然と気持ちも明るくなるのではないでしょうか。

ぜひみなさんには、自分が落ち込んで不幸から抜け出せないようにならないためにも、**日々の生活の中で小さな楽しみや喜びをたくさん見つけておいてほしい**と思います。

「育てていた花が咲いた」

「遠く離れていた友人と久しぶりに会話をした」

「好きな野球チームが勝った」

などなど、些細なことで構いません。

一見、何気ないような幸せが、いざというとき、60代以降のあなたの人生の心の支えになってくれるはずですから。

和田秀樹（わだ ひでき）
1960年、大阪府生まれ。東京大学医学部卒業。精神科医。東京大学医学部附属病院精神神経科助手、米国カール・メニンガー精神医学校国際フェローを経て、現在、ルネクリニック東京院院長。高齢者専門の精神科医として、30年以上にわたって高齢者医療の現場に携わっている。ベストセラー『80歳の壁』（幻冬舎）、『70歳が老化の分かれ道』（詩想社新書）、『60歳からはやりたい放題』『90歳の幸福論』（扶桑社）など著書多数。

扶桑社新書 472

60歳からはやりたい放題［実践編］

発行日 2023年9月1日　初版第1刷発行

著　　者………和田秀樹
発 行 者………小池英彦
発 行 所………株式会社 扶桑社
〒105-8070
東京都港区芝浦1-1-1 浜松町ビルディング
電話 03-6368-8870（編集）
03-6368-8891（郵便室）
www.fusosha.co.jp

印刷・製本………株式会社 広済堂ネクスト

Printed in Japan　ISBN 978-4-594-09556-7